Radbahn Berlin

Radbahn Berlin

Zukunftsvisionen für die ökomobile Stadt

paper planes e.V. (Hg.)

Radbahn will den vergessenen Raum unter Berlins berühmter U1-Hochbahn in eine pulsierende urbane Hauptschlagader verwandeln. Sie ist ein Spielfeld für zeitgemäße Mobilität, Innovation und Freizeitangebote.

Vorwort

Die Hochbahn am Landwehrkanal, heute Zossener Brücke, 1902 Siemens Historical Institute

Berlin ist eine Stadt kreativer Köpfe und Ideen. Diese sind eine große Chance für die Lebensqualität in unserer Stadt. Damit Berlin lebenswerter wird – und damit gesünder, mobiler und klimafreundlicher – brauchen wir gute Ideen, gerade auch für die Mobilitätswende. Denn die Mobilitätswende wird nur gelingen, wenn sie die Unterstützung der Bevölkerung findet und wenn die Berliner*innen merken, dass durch eine andere Mobilitätspolitik ihr Umfeld schöner wird und sie sich einfacher und stressfreier durch die Stadt bewegen können.

Die Erfinder der Radbahn-Idee haben mit ihren Bildern viele Menschen begeistert. Sie verbinden auf großartige Weise bessere Bedingungen für den Radverkehr mit einer Steigerung der Aufenthaltsqualität für die Anwohner*innen. Sie zeigen sinnbildlich wie spannend Berlin sein kann.

Die Umsetzung an diesem Ort ist nicht einfach, dessen sind sich alle bewusst. Aber es muss auch in Berlin möglich sein, verwegene Ideen zu diskutieren. Und verwegene Ideen haben Unterstützung verdient, um eine Chance auf Realisierung zu haben. Die nun vorgelegte Potenzialstudie ist ein gutes Beispiel dafür, wie das Engagement von Bürger*innen und Expert*innen mit der Verwaltung und der Politik produktiv zusammenwirken kann. Die rot-rot-grüne Koalition hat beschlossen, massiv in den Radverkehr zu investieren. Dazu wollen wir neben der großflächigen Verbesserung der Infrastruktur auch besondere Projekte mit nationaler und internationaler Strahlkraft vorantreiben. Auch wenn wir wissen, dass sie nicht morgen realisierbar sind, benötigen wir diese Glanzlichter, um die Debatte über eine noch lebenswertere Stadt voranzubringen.

Jens-Holger Kirchner, Staatssekretär für Umwelt, Verkehr und Klimaschutz

Radbahn bis dato

Die Idee, unter der U1-Hochbahn Rad zu fahren, hatten sicherlich schon einige Berliner*innen vor uns. Der Finne Martti Mela aber trommelte einige Bekannte zusammen, die die Idee einfach mal skizzierten und im November 2015 über Social Media veröffentlichten. Die Idee kam zur richtigen Zeit! Das Interesse von Radfahrer*innen, Medien und Politik war riesig: 10.000 Facebook-Fans innerhalb von nur zwei Wochen, Medienartikel in der ganzen Welt und die Verleihung des Bundespreises Ecodesign folgten.

Auch das Abgeordnetenhaus reagierte und investierte in eine Machbarkeitsstudie – allerdings zu Radschnellwegen generell, eine Kategorie, in die sich die Radbahn nicht einfügt und für die sie unsererseits niemals konzipiert war. Radschnellwege haben per Definition eine Mindestbreite von 4 Metern und verlaufen weitestgehend kreuzungsfrei. Die Radbahn bringt es durchschnittlich auf 3 Meter und weist als innerstädtische Route wesentlich mehr Kreuzungen auf als Routen am Stadtrand. Folglich kam es nicht unerwartet, dass die Radbahn durch das Raster der Radschnellwegstudie fiel. Jedoch attestiert diese Studie bereits die besondere Eigenschaft unserer Route als stadtteilverbindende Tangente, an die die aus der Peripherie kommenden „Radautobahnen" andocken könnten.

Wir haben uns dazu entschieden, neben den enormen Potenzialen der Radroute für den Berliner Verkehr auch die möglichen Auswirkungen einer realisierten Radbahn auf Wirtschaft, Stadtentwicklung und Kultur herauszuarbeiten. Dabei werden wir aus der Zivilgesellschaft ebenso lebhaft unterstützt wie von Unternehmen und Forschung sowie von der Senatsverwaltung für Umwelt, Verkehr und Klimaschutz und der Senatsverwaltung für Wirtschaft, Energie und Betriebe.

Über diese Studie

Ziel dieser Studie ist es, aus der Vision Radbahn ein Berliner Projekt zu machen. Mit Veröffentlichungsdatum ist die Radbahn nicht mehr länger „nur" die Idee eines bunten Teams von Engagierten, sondern das Vorhaben einer stetig wachsenden Koalition aus Zivilgesellschaft und Unternehmen. Auch die Politik ist herzlich eingeladen, sich dieser Allianz anzuschließen, die exemplarisch neue Wege für eine lebenswerte urbane Zukunft gehen möchte.

Konkret antworten wir mit dieser Studie auf verkehrsplanerische Fragen, etwa wie sich Kreuzungspunkte, Hochbahnhöfe und zu geringe Abstände zwischen den Stützen lösen lassen. Dieser Teil liefert die Grundlage für das Land Berlin, die Machbarkeit der überdachten Radstrecke festzustellen.

Darüber hinaus gibt diese Studie zahlreiche Impulse, wie sich Wirtschaft, Mobilität und Zusammenleben im Berlin der Zukunft nachhaltiger gestalten lassen. Sehr deutlich wird, dass die Radbahn viel mehr ist als eine gewöhnliche Radstrecke. Denn sie bietet über verkehrliche Lösungen hinaus vor allem auch enorme gesellschaftliche Chancen für ein wachsendes Berlin.

Inhalt

Globale Herausforderungen

Fast überall auf der Welt wachsen städtische Gesellschaften und mit ihnen die Verantwortung, Rücksicht auf Mensch und Umwelt zu nehmen. Bereits seit 2007 lebt mehr als die Hälfte aller Menschen in Städten,[1] deren zunehmende Population, Dichte und Fläche für einen Großteil der negativen Umweltauswirkungen der Menschheit verantwortlich sind. Ein massiver Ressourcenverbrauch, der durch den Menschen verursachte Klimawandel, Luftverschmutzung oder der Verlust von Biodiversität sind messbare Folgen urbaner Lebensformen. Die Verstädterung hat auch soziale Folgen wie Gesundheitsprobleme, zunehmende soziale Ungleichheit und schwindenden sozialen Zusammenhalt.

Die Bilder aus rasant wachsenden Metropolen in Afrika, Asien und Südamerika kommen uns weit weg vor und im Vergleich mit den Staus oder dem Smog in Mexico City oder Dakar wirken unsere Verkehrsprobleme beinahe banal. Dennoch kostet der Stau im Ballungsraum Berlin unsere Gesellschaft jährlich mehrere Milliarden Euro,[2] von den externen weltweiten Kosten ganz zu schweigen. Während die Automobillobby noch immer den Ausbau von Straßen fordert, deutet sich längst an, dass die Zeit gekommen ist, den fossilen Verkehr schrittweise zu ersetzen und dem ressourcenintensiven Lebensstil der letzten Jahrzehnte, der sich nun weltweit fortsetzt, neue Alternativen entgegenzusetzen. Auch deshalb ist die Transformation unserer Städte so wichtig.

Doch schauen wir auf die positiven Seiten von Städten. Genauso wie Städte die Ursache von Problemen darstellen, so steckt gerade in ihnen auch die Lösung: Eine dichte, kompakte Bauweise führt nicht nur zu geringeren Energiekosten pro Haushalt, sondern auch zu einer Reduktion von Verkehr.[3] Denn es bietet sich eine Förderung multimodaler Verkehrsangebote auf Basis von Fuß- und Radverkehr und öffentlichen bzw. geteilten Transportmitteln zur kostengünstigen Verlagerung an. Es besteht die berechtigte Hoffnung, dass neue technische Möglichkeiten der Informations- und Kommunikationstechnologien zu einer effizienteren Verkehrsabwicklung beitragen.

1 United Nations (2014): World Urbanization Prospects. The 2014 Revision. Department of Economic and Social Affairs, New York
2 INRIX Research (2014): Europe's Traffic Hotspots. Measuring the impact of congestion in Europe. INRIX, Kirkland et al.
3 Umweltbundesamt (2017): Die Stadt für Morgen. Umweltschonend mobil – lärmarm – grün – kompakt – durchmischt. Umweltbundesamt, Dessau

Berlins Chancen

Deutschland steht für eine stabile Wirtschaft und rationale Entscheidungen. Es steht für die Energiewende und könnte gerade als Autoland besonders repräsentativ auch für eine Mobilitätswende stehen. Dabei sollte das Ziel nicht sein, die Autokonzerne zu verprellen, sondern sie zukunftsfit zu machen.

Der Hauptstadt kommt dabei eine besondere Vorreiterrolle zu. Berlin ist traditionell eine Fußgängerstadt mit einer im Bundesvergleich relativ geringen Pkw-Dichte. Seine preußischen Alleen sind großzügig angelegt und keine andere europäische Metropole ist derart grün – fast ein Drittel der Fläche Berlins ist unversiegelt. Hinzu kommt, dass viele Quartiere von jungen Menschen geprägt werden, die offen für neue Mobilitätsangebote sind und Trends setzen, die dann auch in andere deutsche Städte „hinüberschwappen". Stetig steigende Besucherzahlen bedeuten auch, dass sich mehr und mehr Menschen von Berlin inspirieren lassen. Berlin und gerade auch die verschiedenen Quartiere entlang der U1 bieten ideale Voraussetzungen für ein neues urbanes Mobilitätsmodell.

Mit den derzeitigen Verhandlungen und dem bevorstehenden Abschluss des Berliner Mobilitätsgesetzes ist ein wichtiger Schritt in Richtung Mobilitätswende gemacht. Um den Radverkehr weiter zu fördern und dem aktuellen Bedarf gerecht zu werden, wird Berlin viel Geld in die Hand nehmen, um flächendeckend die Infrastruktur für Radfahrerinnen und Radfahrer auszubauen. Mit der Radbahn würde darüber hinaus ein Symbol geschaffen werden, das für eine kreative und lebenswerte Stadt steht und dessen Spezifikum in nur einem Satz vermittelt werden kann: Die Radbahn führt überdacht mitten durch Berlin!

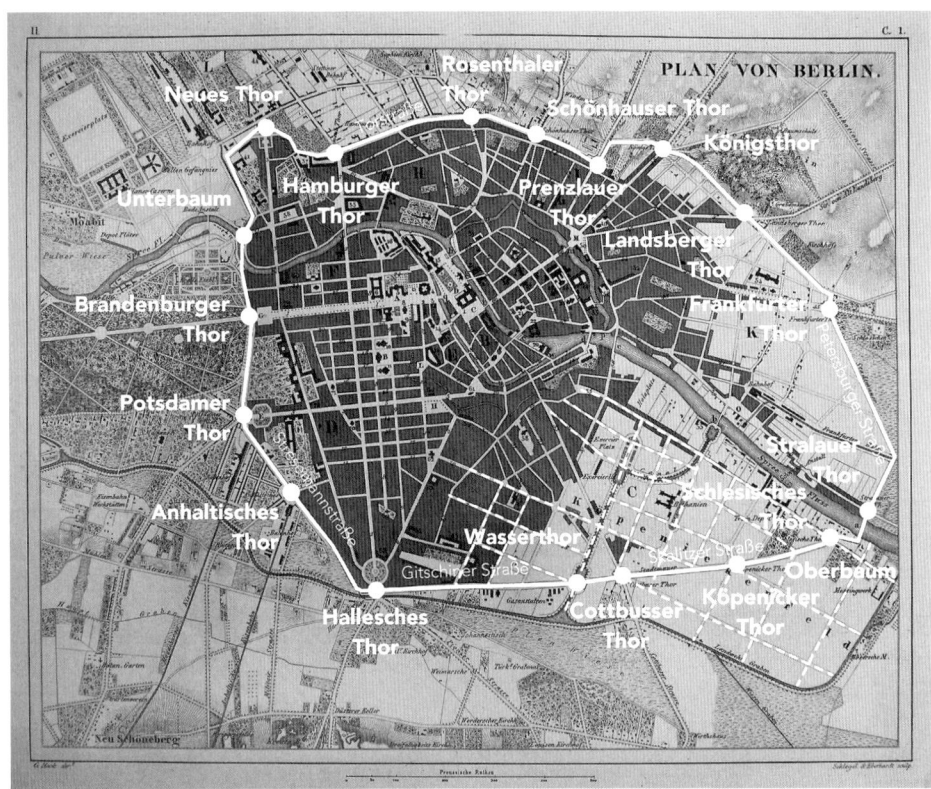

Berlin um 1850 Heck, G.: Plan von Berlin. Leipzig, F. A. Brockhaus, 1849. Schlegel & Eberhardt nach G. Heck / modifiziert

Historie der Stadtentwicklung Berlins

Um die Lage der Radbahn im städtischen Kontext von Berlin zu verstehen, bedarf es eines Blicks in die Stadtentwicklungsgeschichte. Zu Beginn des 19. Jahrhunderts hatte Berlin 200.000 Einwohner*innen, aber mit der zunehmenden Industrialisierung kam es zu einem gewaltigen Bevölkerungszuwachs. Innerhalb kürzester Zeit wuchs Berlin über seine Mauern hinaus zu einer Millionenstadt heran, vereinnahmte Nachbargemeinden und hatte fortan mit Problemen der Hygiene, Versorgung und Entsorgung und des Verkehrsaufkommens zu kämpfen.

Nach dem Vorbild der Pariser Stadtplanung wurde in den 1860er Jahren der sogenannte Hobrecht-Plan verabschiedet: Der Generalszug vom Südstern bis zum Breitscheidplatz, die ringförmigen Gürtelstraßen, die radialen Ausfallstraßen und die außerstädtischen Rieselfelder zur Abwasserreinigung sowie die Entwicklung der typischen dicht angelegten Berliner Mietskasernen gehen auf diesen Plan zurück. Entlang der bis dahin als Zollmauer fungierenden Akzisemauer entstand zwischen 1896 und 1902 die erste Berliner U-Bahn: die U1.

Gefielen den Berliner*innen die Hochbahnpfeiler zuerst nicht, entwickelte der Architekt Alfred Grenander eine gestalterisch anmutende Lösung und prägte fortan das Bild der Stadt. Die Verzierungen im Jugendstil sind noch heute auf einigen Pfeilern und Hochbahnhöfen präsent und machen die U1 zusammen mit ihrer besonderen Lage diagonal zu allen Ausfallstraßen zu einer Pulsader des urbanen Lebens.

Radwegenetz Berlin

Der historisch bedingten Sonderlage im Berliner Straßennetz verdankt die Radbahn-Route auch heute noch ihre verkehrliche Qualität. Auch wenn sie nicht als Radschnellverbindung nach den Richtlinien für Radschnellverbindungen[4] gelten kann, erfüllt sie trotzdem wichtige Kriterien: Auf der Spur der alten Zollmauer gelegen, verbindet sie innerstädtische Gebiete mit einer hohen Wohn- und Arbeitsplatzdichte und etlichen Anschlüssen an den öffentlichen Nahverkehr mit einem attraktiven, sicheren und zielgerichteten Radweg.

Da die Radbahn das radiale Straßennetz Berlins wie eine Diagonale durchschneidet, gibt es keine Parallelen, die als Alternativen zu dieser Route fungieren könnten. Vielerorts ließe sich die Radbahn also nur im Zickzack umfahren. Man könnte sagen, als Radweg ist die Radbahn alternativlos (für eine detaillierte Radverkehrsanalyse siehe Seite 126–127).

Entlang der alten Zollmauer könnte die Radbahn eine westliche Anbindung an den gerade eingeweihten Radweg an der Warschauer Straße bieten und somit einen wichtigen Part eines Fahrrad-Rings darstellen, der dann weiter über den neu gestalteten Fahrradweg der Petersburger Straße führen könnte. Darüber hinaus schließt die Radbahn-Route auch an vielen weiteren Punkten an das bestehende Radwegenetz der Stadt an. Besonders aber die Funktion als Verteilerstrecke zwischen den sich in Planung befindlichen Radschnellverbindungen von der Peripherie in die Stadt ist ein großes verkehrliches Potenzial der Radbahn.

4 FGSV – Forschungsgesellschaft für Straßen- und Verkehrswesen (2014): Arbeitspapier. Einsatz und Gestaltung von Radschnellverbindungen. FGSV Verlag, Köln

Am Halleschen Ufer, 1928 Staatsarchiv Freiburg W 134 > Nr. 000615 / Fotograf: Willy Pragher

Im Schutz der Hochbahn

Das Bedürfnis, ein Dach über dem Kopf zu haben, ist dem Menschen ureigen – vielleicht waren die Reaktionen auf unser Konzept auch deshalb so stürmisch.

Ein Dach bedeutet Schutz, Geborgenheit und Heimat – in diesem speziellen Fall allerdings im öffentlichen Raum, wo Nutzer*innen aktiver Teil ihrer Umgebung bleiben. In der Mitte, im Licht, immer sichtbar, ist die Radbahn statt eines privaten Rückzugsortes viel eher eine Bühne für alle. Ein Ort der Begegnung, der Interaktion, des Sozialen.

Im übertragenen Sinn können im Schutz der Hochbahn auch Ideen wachsen, seien sie sozialer oder technischer Natur. Der Raum unter der Hochbahn ist wertvoll und soll vielen Menschen zugutekommen.

Eine Reise vom Zoo

bis zur Oberbaumbrücke

Die Radbahn verläuft mitten durch eine Stadt, die sich in ständigem Umbruch befindet. So ist es logisch, dass sich etliche stadträumliche Qualitäten links und rechts der Strecke finden lassen: Orte des täglichen Chaos und Orte der Ruhe und Entschleunigung, Orte der räumlichen Enge und solche, die großzügig angelegt sind, Orte aus Beton oder idyllischer Stadtnatur.

Mit dem Radbahn-Konzept nehmen wir diese Qualitäten auf und übertragen sie auf die Zukunft. In sieben Abschnitten zeigen und formulieren wir, was wir für unsere Stadt und ihre Bewohner*innen als wünschenswert erachten. Es ist eine Vision, in der sehr viel Liebe für die einzelnen Orte steckt. Wir glauben, dass die Radbahn mithelfen kann, eine positive Entwicklung dieser angrenzenden Stadträume zu fördern.

Die Radbahn ist eben nicht eine Autobahn für Radfahrer*innen, sondern eine Reise entlang und unter Berlins erster U-Bahnstrecke. Wir rasen nicht im Stress der Großstadt, sondern fahren entspannt und schauen uns um …

Promenade

Der Mittelstreifen wird zu einem urbanen Treffpunkt

Noch ohne Dach beginnt die eigentliche Radbahn knapp 400 Meter nach dem Bahnhof Zoo und führt einmal quer über den Breitscheidplatz mit der Kaiser-Wilhelm-Gedächtniskirche an der breiten Tauentzienstraße. Hier tummeln sich Menschenmassen auf den Bürgersteigen und Vermieter erzielen mit Einzelhandelsflächen die höchsten Mietpreise der ganzen Stadt.

In diesem Kapitel geht es daher insbesondere um die Frage, wie gerecht und nützlich der 47 Meter breite Straßenraum derzeit verteilt ist und welche wirtschaftlichen Effekte eine solide Radinfrastruktur auf den Einzelhandel hätte.

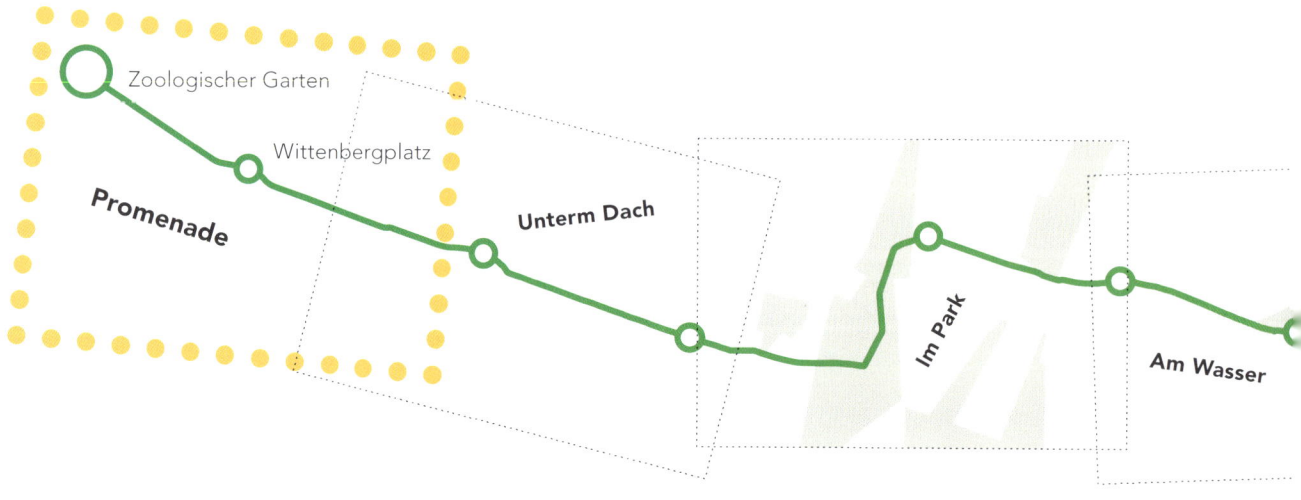

Zoologischer Garten

Wittenbergplatz

Promenade

Unterm Dach

Im Park

Am Wasser

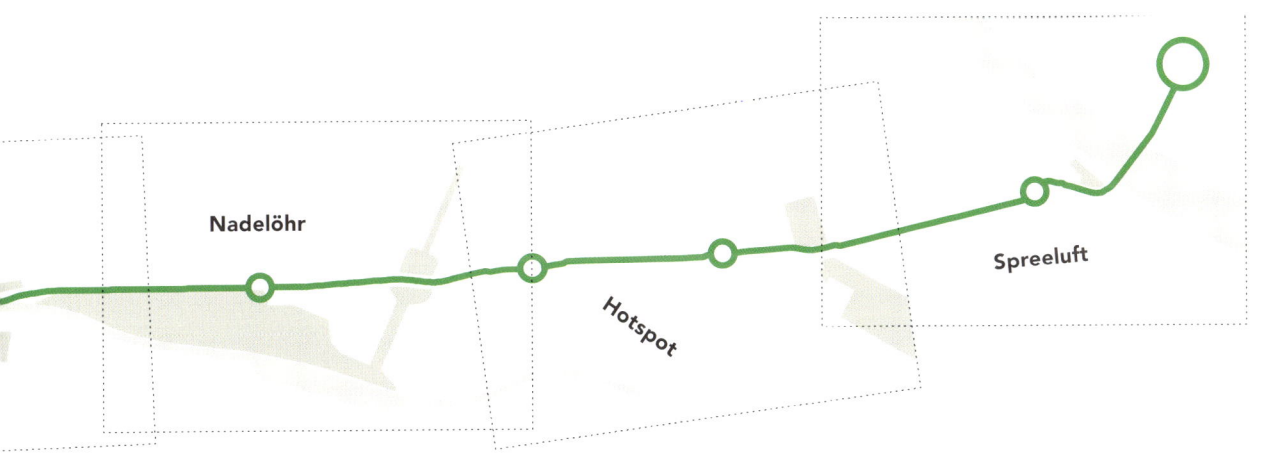

Nadelöhr

Hotspot

Spreeluft

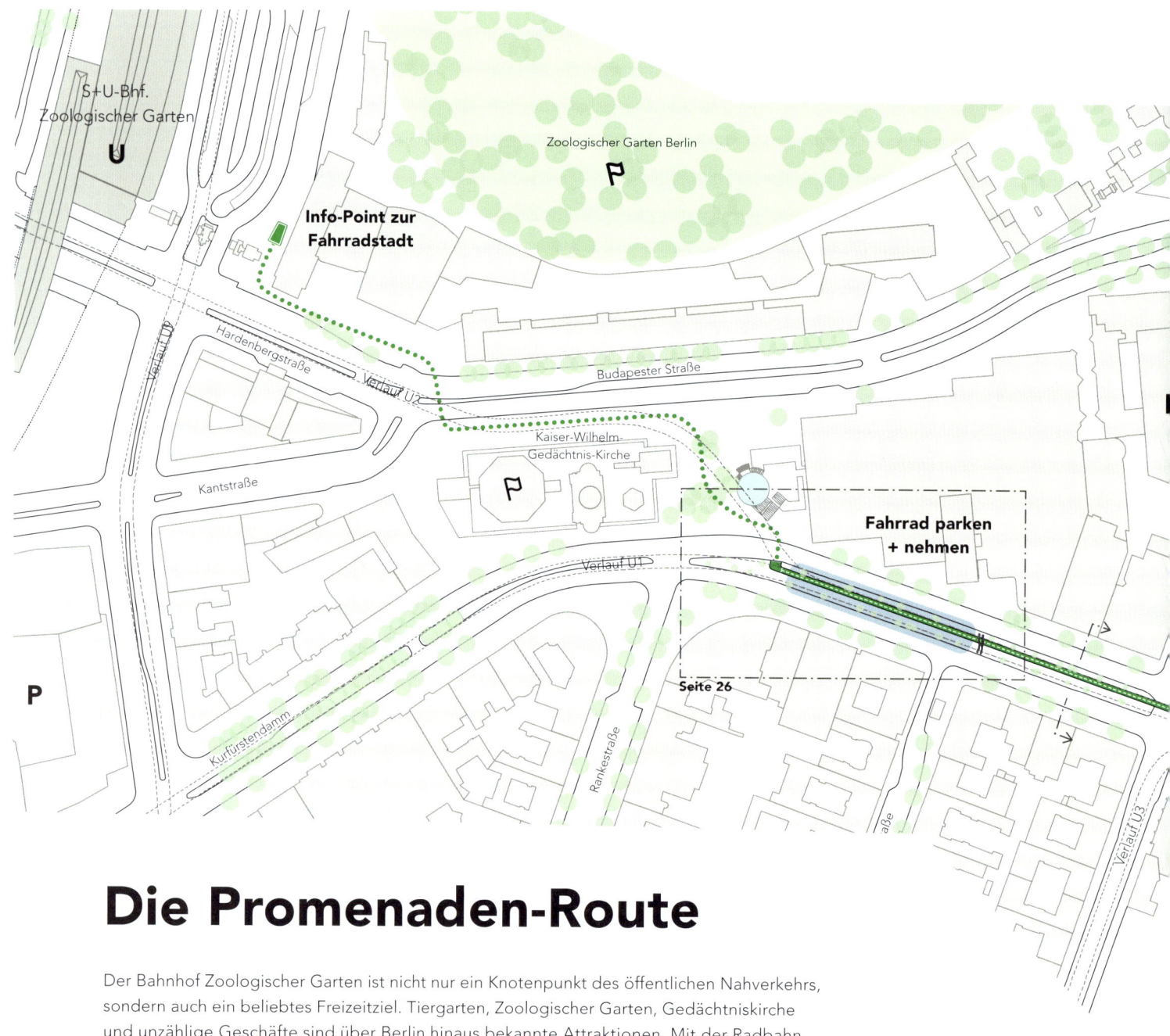

Die Promenaden-Route

Der Bahnhof Zoologischer Garten ist nicht nur ein Knotenpunkt des öffentlichen Nahverkehrs, sondern auch ein beliebtes Freizeitziel. Tiergarten, Zoologischer Garten, Gedächtniskirche und unzählige Geschäfte sind über Berlin hinaus bekannte Attraktionen. Mit der Radbahn gewinnt das Herz der City-West einen neuen Zubringer – Radfahrer*innen meiden die Gegend nämlich bislang weitgehend.

Startpunkt der Radbahn ist ein Radbahnhof am Beginn des Tauentzien mit sicheren Fahrrad-stellplätzen für Privat- und Leihräder. Ein weiterer Radbahnhof sollte direkt am Bahnhof Zoo vorgehalten werden – für Pendler*innen, die hier täglich in die S-Bahn oder den Regionalzug umsteigen. Doch für den Weg zwischen Bahnhof Zoo und Tauentzien über den Breitscheidplatz ist für Radfahrer*innen Absteigen oder Schritttempo angesagt.

Kreuzungstypologie (s. S. 55)		T-A	T	X-A
Verlauf der Radbahn	Verbindung bis Zoologischer Garten		auf dem Mittelstreifen	

Den Tauentzien herunter teilt sich die Radbahn den mehr als 12 Meter breiten Mittelboulevard mit Fußgänger*innen und Straßencafés. Die Mittelinsel des Wittenberg-platzes umfahren wir mit beiden Radspuren im Norden, geschützt vor dem Kfz-Verkehr durch bauliche Sicherungen. Der Mittelstreifen der Kleiststraße ist breit genug, um einen nach geltenden Richtlinien konformen Zweirichtungsradweg anzulegen. Die kleinen und großen Kreuzungen überwindet die Radbahn generell gemeinsam mit den parallel fahrenden Kraftfahrzeugen.

Lebendiger
Mittelstreifen

Seite 27

U-Bhf.
Wittenbergplatz

Kaufhaus des Westens

Tauentzienstraße

Kleiststraße

| 0 | 50 | 100 | 150 | 200 |

N

| T-A | X–F | X–A | T | T-A |

auf dem Mittelstreifen | nördlicher Rand des Wittenbergplatzes | auf dem Mittelstreifen

Fahrräder und das Radfahren gehören zum typischen Berlin-Lifestyle. Viele unserer Gäste nutzen daher das Fahrrad, um die Berlinatmosphäre authentisch zu erleben. Die Idee der Radbahn passt ideal zu den Wünschen unserer Gäste und verschafft uns, als erste überdachte Radstrecke der Welt, eine Radlänge Vorsprung im Wettbewerb mit anderen radfreundlichen Destinationen.

Burkhard Kieker, CEO Berlin Tourismus & Kongress GmbH

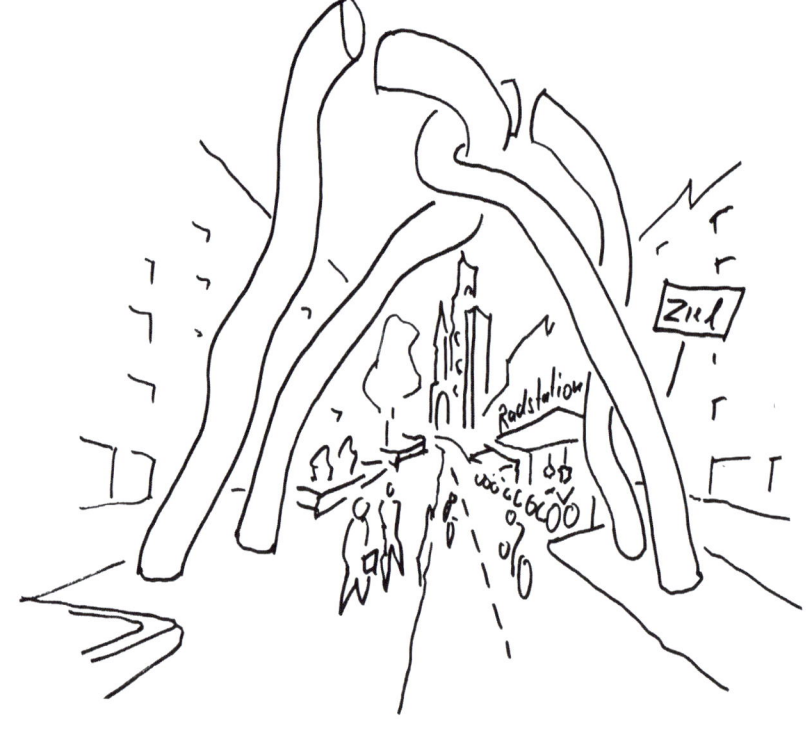

Auftakt

Der Radbahn-Auftakt fügt sich in das Straßenbild ein. Geordnet und geschützt finden hier Privat- und Leihräder Platz. Tagesaktuelle Daten zur Radbahn per Digitalanzeige wären für den Radbahnhof Tauentzien ein zusätzliches spannendes Gimmick, welches das Interesse aller Passant*innen weckt und den Nutzen der Radbahn anschaulich herausstellt. Es könnte beispielsweise angezeigt werden, wie viele Radfahrer*innen heute schon die Radbahn genutzt haben oder wie viel CO_2 seit Eröffnung der Strecke durch die Radbahn eingespart werden konnte.

Geteilte Mitte

Auf dem Mittelstreifen teilen sich Fußgänger*innen und Radfahrer*innen den über 12 Meter breiten Raum. Das gefahrenfreie Miteinander wird über eine bauliche Trennung via Metallbügel sichergestellt, die gleichzeitig als Fußstützen oder als Sitzmöglichkeiten genutzt werden können. Einige der steinernen Beeteinfriedungen werden ganz einfach zu Sockeln für Radabstellhäuschen umfunktioniert.

Die Idee des Ganzen ist, mehr Leben auf die Mitte zu bringen, die derzeit trotz Umgestaltung noch nicht einladend wirkt. Kleine Kioske, Holzdecks mit Sitzmobiliar und Sonnenschutz sorgen für eine attraktive Infrastruktur. Und das derzeitige Friedhofsgrün wird mit blumigen Farbtupfern gesprenkelt.

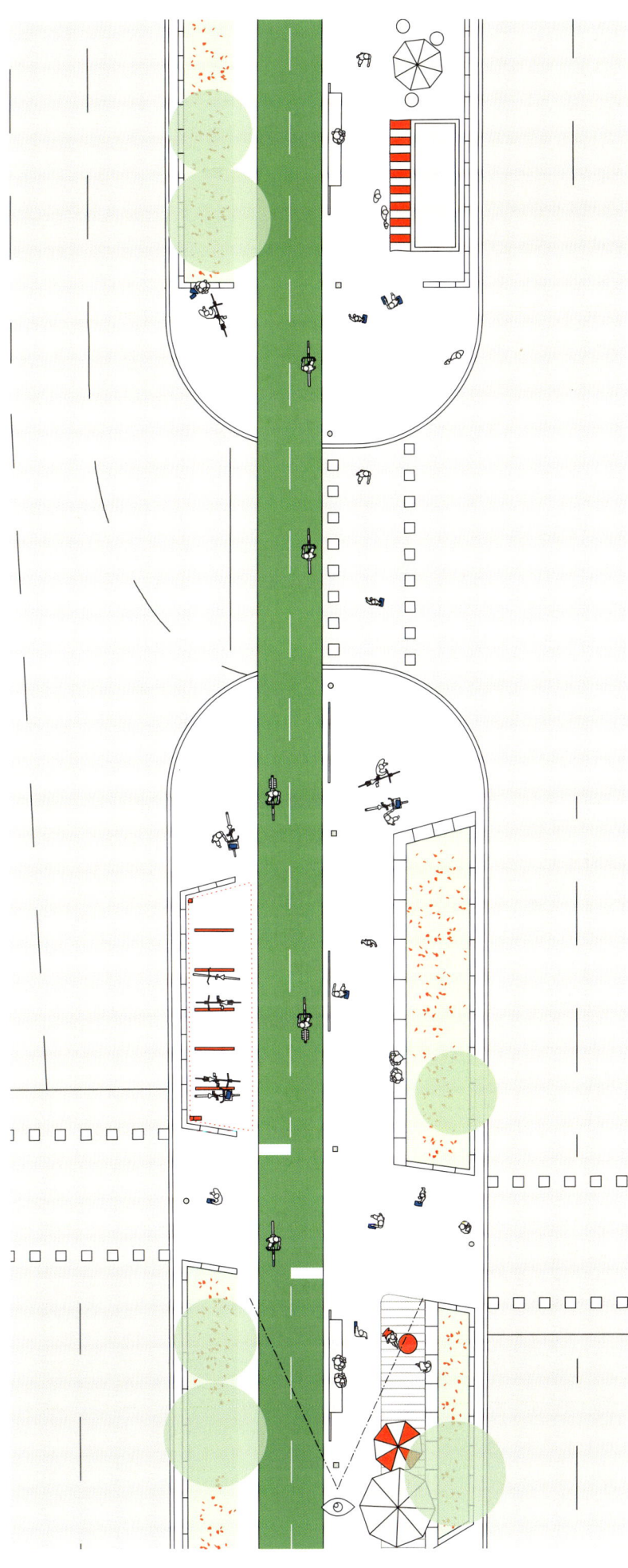

0   3   6   9   12

Tauentzienstraße Richtung Wittenbergplatz

Miteinander

Wir alle sind Fußgänger*innen, fast jede*r kennt das Gefühl, auf einem Fahrrad zu sitzen, und auch den Blick heraus durch eine Auto-Windschutzscheibe. Und doch tobt der Kampf auf der Straße – „Fußgänger gegen Radfahrer", „Radfahrer gegen Autofahrer" und „Autofahrer gegen Taxifahrer". Mit der Radbahn plädieren wir für klare Regeln, angemessenen Raum für alle Nutzergruppen und eine bewusste und aktive Stadtgestaltung, die fragt: In welcher Stadt wollen wir leben? Vor dem Hintergrund der wachsenden Stadt ist dieses Thema besonders brisant.

Wenn es uns nicht gelingt, in großen Städten auch so etwas wie Fahrrad-Straßen zu bauen, können wir die Energie- und Mobilitätswende vergessen. In den nördlichen Städten (Kopenhagen, Oslo und Amsterdam) kommt man komfortabel mit dem Bike von einer Ecke der Stadt zur anderen. Das verändert die Stadt radikal und wäre mit der Radbahn in Berlin auch möglich.

Matthias Horx, Zukunftsforscher

Neuverteilung Straßenraum

Um ein Miteinander zu erreichen, müssen alle Nutzergruppen genug Raum bekommen. Da Städte in den 1960er und 70er Jahren aber vor allen Dingen autogerecht geplant wurden, ist eine Neuverteilung des Straßenraums notwendig – der Tauentzien mit einer Breite von 47 Metern ist besonders großzügig bemessen und bietet ideale Voraussetzungen.

3 %

der Verkehrsfläche in Berlin sind für den Radverkehr reserviert, 60 Prozent fürs Auto[5]

Kraftfahrzeuge und Fußgänger*innen teilen sich den Straßenraum, wobei in der Mitte ein derzeit kaum genutzter Streifen von 12 Metern Breite existiert, der Fußgänger*innen und Straßengrün vorbehalten ist. Radfahrer*innen sind gefährlich auf der Busspur unterwegs.

Heute

Unser Konzept schlägt vor, den Mittelstreifen zu teilen. Radfahrer*innen hätten dann eine solide Infrastruktur, auf der es sich entspannt radeln lässt, wovon auch der Einzelhandel profitieren würde (wie die Folgeseite belegt). Platz für Fußgänger*innen zum Verweilen und für Begrünung wären noch immer ausreichend vorhanden.

Geteilter Mittelstreifen

Noch attraktiver für Passant*innen wären die Verbreiterung der Gehwege sowie zusätzliche seitliche Radfahrstreifen für den lokalen Verkehr. Dadurch könnte auch vor den Geschäften eine höhere Aufenthaltsqualität geschaffen werden, sodass sich Kund*innen wohler fühlen.

Gehwege verbreitert

5 Agentur für clevere Städte (2014): Wem gehört die Stadt? Der Flächen-Gerechtigkeits-Report – Mobilität und Flächengerechtigkeit. Eine Vermessung Berliner Straßen. Agentur für clevere Städte, Berlin.

8.5   9.5   12   9.5   8.5

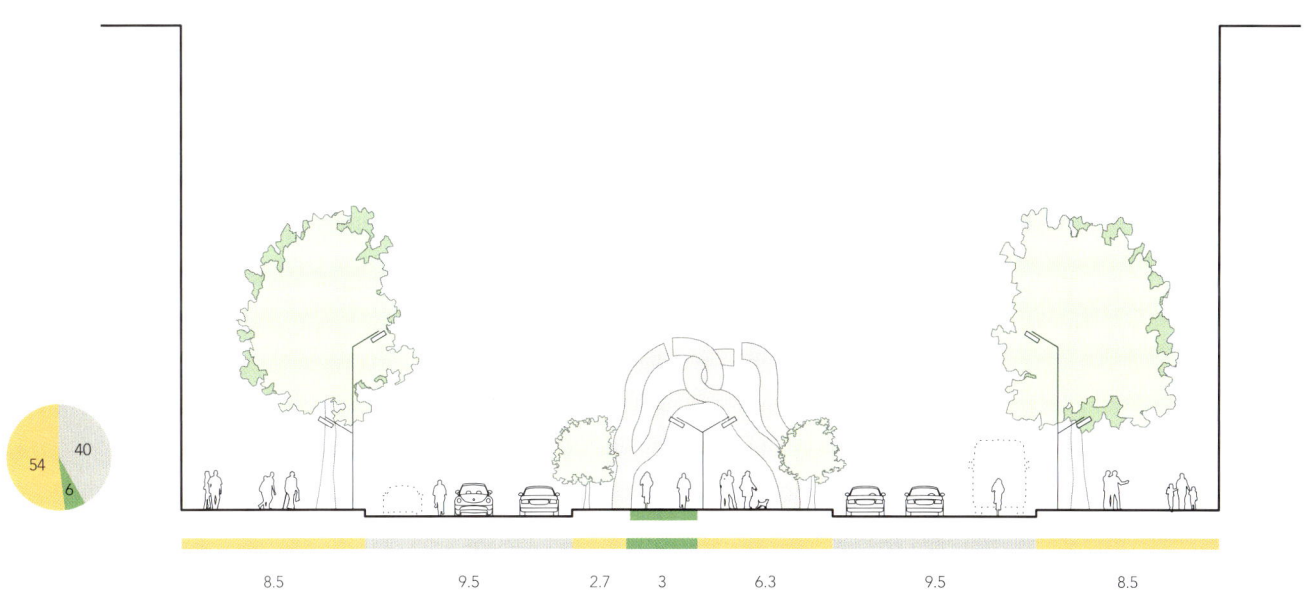

8.5   9.5   2.7   3   6.3   9.5   8.5

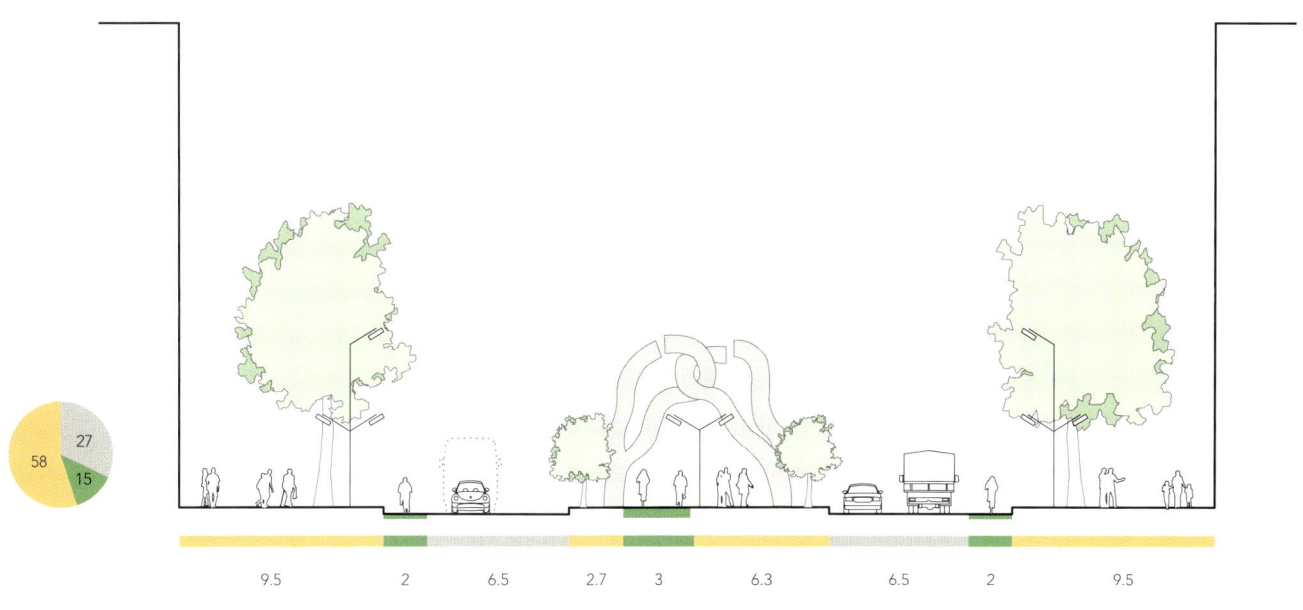

9.5   2   6.5   2.7   3   6.3   6.5   2   9.5

Konsum und Einzelhandel

Dem autozentrierten Planungsparadigma entspringt auch die Vorstellung, ein Rückbau von Fahrspuren und Parkplätzen zum Beispiel in Einkaufsstraßen würde den Einzelhandel schädigen – das Gegenteil ist jedoch der Fall, wie zahlreiche Studien belegen.[6, 7] Demnach kann der Einzelhandel nicht direkt mit Shoppingcentern auf der grünen Wiese oder dem Internetversandhandel konkurrieren. Potenziale liegen aber in dessen Einbindung in das tägliche soziale Leben abseits monofunktionaler Einkaufsabwicklung. Mit einer Steigerung der Attraktivität eines (Straßen-)Raums geht eine Verbesserung der Aufenthaltsqualität einher, damit steigt auch die Konsumfreudigkeit – hohes Kfz-Verkehrsaufkommen korreliert hingegen mit einem hohen Anteil leer stehender Geschäftslokale.

In New York haben beispielsweise Maßnahmen zur Verkehrsberuhigung und der Neubau von Radwegen zu einer Verringerung des Leerstands und einer Umsatzsteigerung geführt. Dabei bieten Radfahrer*innen im Jahresdurchschnitt die zweithöchste Kundenrentabilität und bringen dem Einzelhandel mehr Geld je bereitgestelltem Parkraum. In Studien über das Einkaufsverhalten in Abhängigkeit von der Verkehrsmittelwahl konnte belegt werden, dass Radfahrer*innen äußerst zahlungskräftig sind, da sie zwar geringere Ausgaben pro Einkauf tätigen, dafür aber durch eine höhere Einkaufshäufigkeit im Wochen- bzw. Jahresverlauf gleichviel bzw. mehr Geld ausgeben als Kund*innen, die mit dem Auto anfahren.[7]
Eine weitere Studie kommt darüber hinaus zu dem Ergebnis, dass 85 Prozent aller Einkaufswege für tägliche Besorgungen anfallen und über 80 Prozent der Kund*innen für ihren Einkauf einen Anfahrtsweg von nur maximal fünf Kilometern zurücklegen – eine Strecke, für die das Fahrrad im urbanen Raum das schnellste Verkehrsmittel ist.[8]

2,5-fach

höher als in autozentrierten Stadträumen ist die Umsatzdichte in Stadträumen, die auf Radfahren und Zufußgehen zugeschnitten sind[7]

5-mal

soviel Gewinn pro Quadratmeter erwirtschaften Fahrradparkplätze im Vergleich zu Autoparkplätzen der selben Fläche[7]

60 %

mehr Umsatz machen die lokalen Geschäfte in der Valencia Street in San Francisco, seit die Straße fahrradfreundlich umgestaltet wurde. In der New Yorker 9th Avenue führten ähnliche Maßnahmen zu 49 Prozent mehr Umsatz[7]

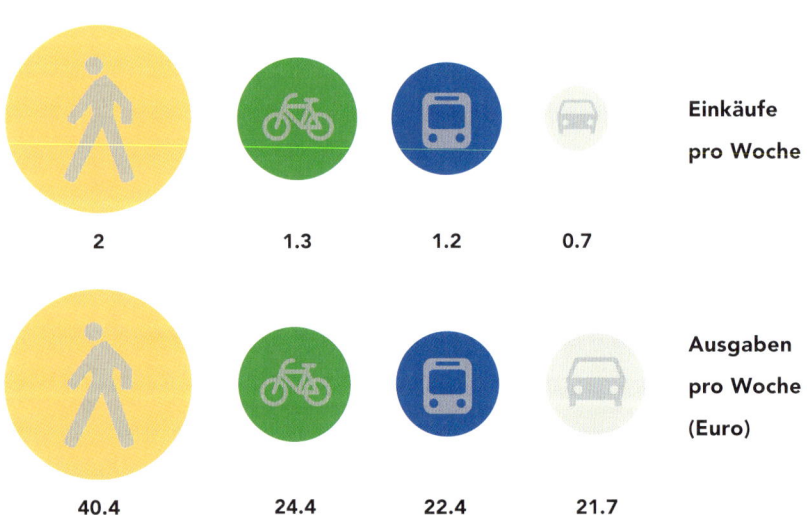

2	1.3	1.2	0.7	Einkäufe pro Woche
40.4	24.4	22.4	21.7	Ausgaben pro Woche (Euro)

6 AGFK Bayern – Arbeitsgemeinschaft fahrradfreundliche Kommunen in Bayern e. V. (2016): WirtschaftsRad. Mit Radverkehr dreht sich was im Handel. AGFK Bayern, Erlangen.
7 Rajé, F., Saffrey, A. (2016): The Value of Cycling. Department of Transport, London https://www.gov.uk/government/publications/the-value-of-cycling-rapid-evidence-review-of-the- economic-benefits-of-cycling
8 Verkehrsclub Deutschland (VCD) (2017): Verkehrsmittel im Vergleich. Intelligent mobil. https://www.vcd.org/themen/klimafreundliche-mobilitaet/verkehrsmittel-im-vergleich/

Potenzial 1 – Gewinn für Volkswirtschaft

Die Verbindung von Verkehrsentwicklung und Wirtschaftsentwicklung hat eine lange Tradition. Besonders die Industrialisierung und das Einsetzen einer kapitalistischen Produktionsweise führten zu einer wachsenden Arbeitsteilung und einer damit verbundenen räumlichen Ausdifferenzierung. Die daraus resultierenden räumlichen Distanzen – zum Beispiel zwischen Produzent*innen und Kund*innen oder auch innerhalb der einzelnen Schritte einer Wertschöpfungskette – müssen durch Wirtschaftsverkehr überwunden werden.[9] Aber auch für die gesellschaftliche Teilhabe, mit Strecken vom Wohnort zum Arbeitsplatz, zum Einkauf, Kinobesuch oder zu Freunden, bedarf es eines effizienten Verkehrssystems. Die Begriffe Verkehr und Mobilität müssen differenziert betrachtet werden. Während Mobilität die Möglichkeit zur potenziellen Ortsveränderung beschreibt, ist Verkehr die tatsächlich durchgeführte Mobilität.[10] Verkehr ist somit neben Wohnen, Arbeiten und Erholung eine der vier städtischen Grundfunktionen und muss als räumlicher Integrationsmechanismus gesellschaft-licher Differenzierung begriffen werden.

Heute nach 150 Jahren stetig fortschreitender Arbeitsteilung und Differenzierung von Wirtschaft und Gesellschaft, gilt um so mehr, dass ein effektiv funktionierendes Verkehrssystem zentrale Voraussetzung moderner Wirtschafts- und Sozialformen ist.[11]

Ein effizientes Verkehrssystem, welches den Mobilitätsbedürfnissen der Menschen ebenso wie einer arbeitsteiligen Wirtschaftsweise gerechnet wird, ist also Grundvoraussetzung für das reibungslose Funktionieren einer Volkswirtschaft. In den letzten Jahrzehnten ließ sich ein hohes Wachstum in der Verkehrsleistung, sowohl im Personen- als auch Wirtschaftsverkehr, beobachten. Das dahinter liegende Paradigma – schneller, weiter, mehr – ist aber nicht nur produktiv für die wirtschaftliche Entwicklung, sondern äußert sich auch destruktiv. Negative Folgekosten der Überindustrialisierung des Verkehrs (siehe Potenzial 3 „Gesund für Mensch und Umwelt", Seite 64) werden in einer wirtschaftlichen Berechnung nicht internalisiert, sondern auf unsere Gesellschaft bzw. andere Gesellschaften ausgelagert (siehe Grafik unten).

Dabei ist besonders in Städten, in denen ein Großteil der Wege kurz ist – die mittlere Wegelänge in Berlin liegt bei 6 Kilometer[12] –, das Fahrrad das bessere und effizientere Verkehrsmittel, bei dem jeder mit dem Rad statt mit dem Auto zurückgelegte Kilometer sowohl den Nutzer*innen als auch der Gesellschaft Geld spart. Das Fahrrad benötigt weniger Infrastruktur als der motorisierte Individualverkehr, ist energie- und flächeneffizient und kann somit die gleiche Anzahl an Personen über eine gegebene Strecke schneller, kostengünstiger und flächensparender transportieren.[13] Bedenkt man zudem die niedrigeren Investitionskosten für Radverkehrsanlagen, so könnten eine konsequente Radverkehrspolitik und eine qualitativ hochwertige Infrastruktur enorme Umlagerungs- und Einsparpotenziale abrufen.

*Das Fahrrad hat die menschliche Mobilität auf ein Niveau gehoben, bei dem eine Steigerung theoretisch nicht mehr möglich ist. (...) Sie [Radfahrer*innen] haben Macht über ihre eigene Bewegung, ohne die ihrer Mitmenschen zu blockieren.*[13]

Soziale Kosten
Summe aus internen
und externen Kosten

Interne Kosten
Kosten, die von den Verursachenden der Verkehrsaktivität getragen werden

Externe Kosten
Kosten, für die nicht die Verursachenden der Verkehrsaktivität aufkommen

9 Link, H. (2011): Verkehr und Wirtschaft. Die volkswirtschaftliche Bedeutung des Verkehrs. In: Schwedes, O.: Verkehrspolitik. Eine interdisziplinäre Einführung. Springer, Wiesbaden. S. 91–114.
10 Ahrend, C. et al. (2013): Kleiner Begriffskanon der Mobilitätsforschung. IVP-Discussion Paper. Fachgebiet Integrierte Verkehrsplanung. Technische Universität Berlin, Berlin.
11 Rammler, S. (2001): Mobilität in der Moderne. edition sigma, Berlin. S. 8.
12 Ahrens, G.-A. (2013): Tabellenbericht zum Forschungsprojekt „Mobilität in Städten – SrV 2013" Berlin. TU Dresden. http://www.stadtentwicklung.berlin.de/verkehr/politik_planung/zahlen_fakten/download/SrV_2013_Berlin_Tabellen.pdf
13 Illich, I. (1974): Energy and Equity. Harper & Row, New York et al.

Unterm Dach

Eine stählerne Kathedrale für nachhaltige Mobilität

Zwischen Botschaftsviertel und arabischen Supermärkten, Schwulen-
viertel und Alt-68er-WGs, Straßenstrich und hippen Galerien –
kaum eine Berliner Nachbarschaft ist derart heterogen wie die
Gegend rund um die U-Bahnhöfe Nollendorfplatz und Bülowstraße. Die Radbahn unterstützt das diverse urbane Neben- und
Miteinander und konzipiert einen Mobilitätshub am Nollendorfplatz, der Mehrwert für alle Verkehrsnutzenden bietet.

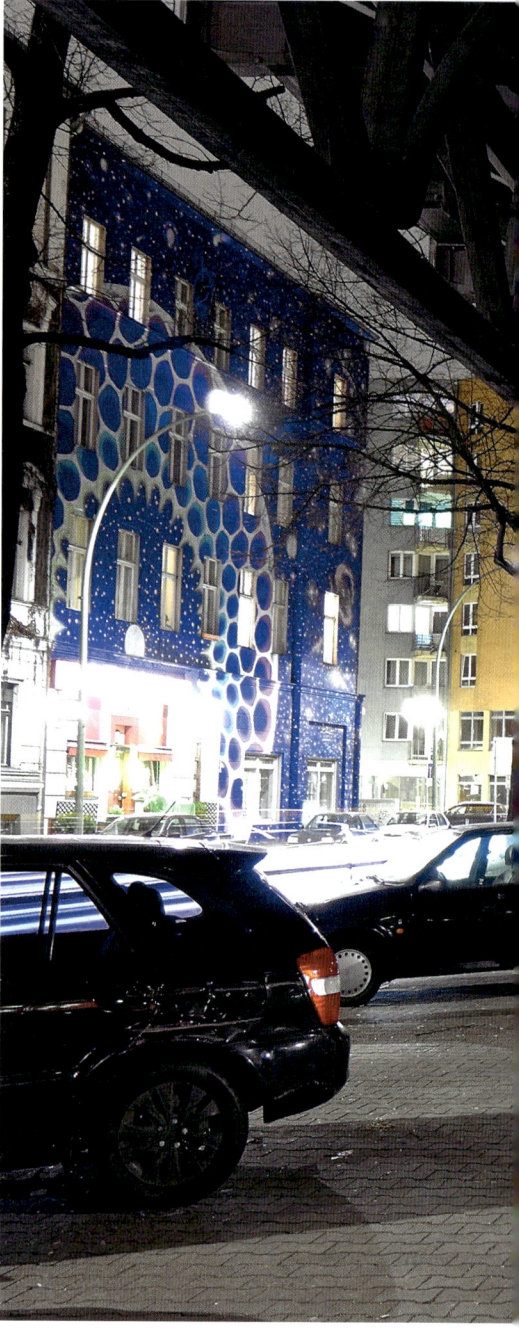

Promenade

Unterm Dach

Nollendorfplatz

Bülowstraße

Im Park

Am Wasser

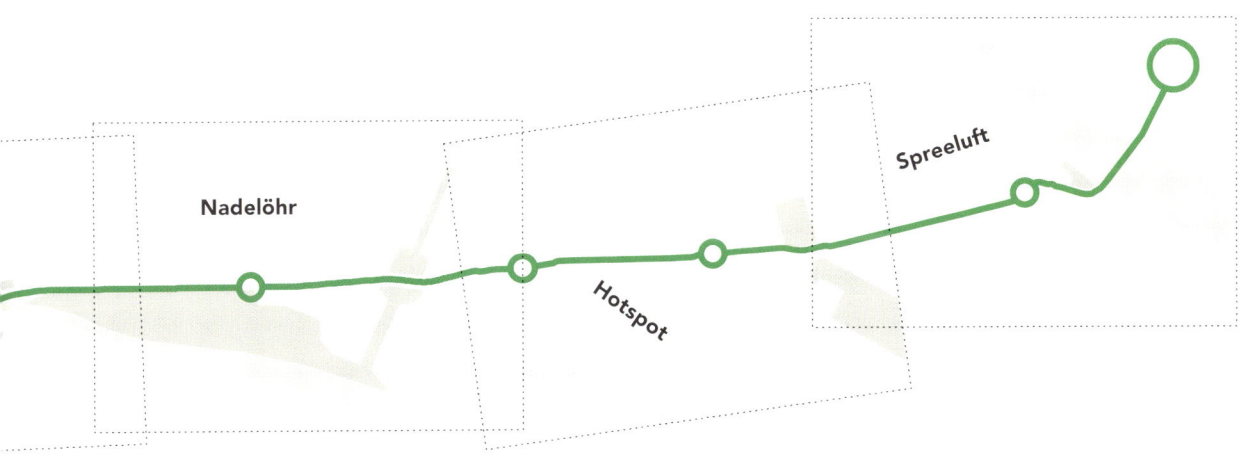

Nadelöhr

Hotspot

Spreeluft

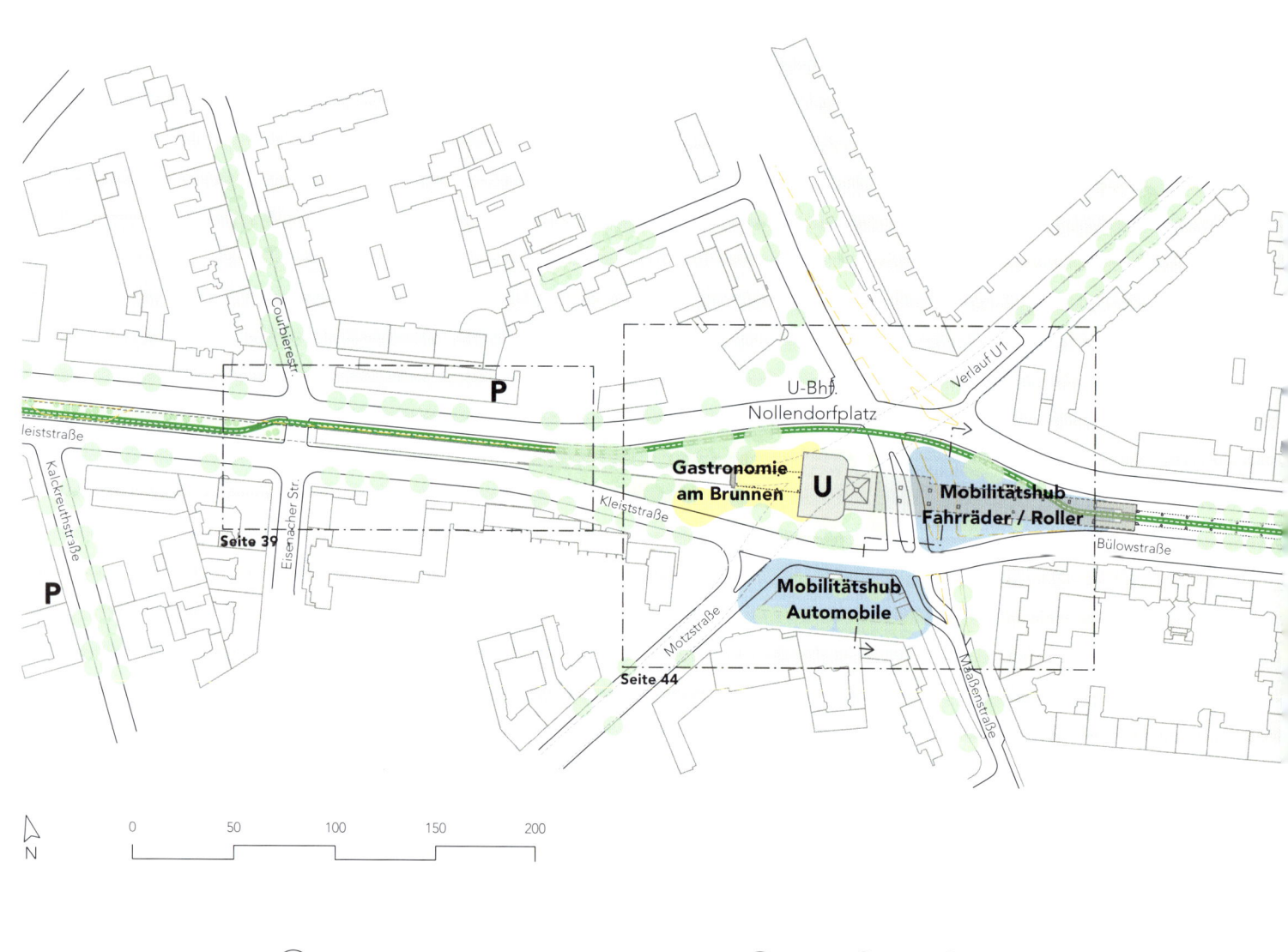

P

P

Courbièrestr.

Kleiststraße

Kalckreuthstraße

Eisenacher Str.

Seite 39

Verlauf U1

U-Bhf.
Nollendorfplatz

**Gastronomie
am Brunnen**

U

Kleiststraße

**Mobilitätshub
Fahrräder / Roller**

Bülowstraße

**Mobilitätshub
Automobile**

Motzstraße

Maaßenstraße

Seite 44

N

0   50   100   150   200

N

Kreuzungstypologie (s. S. 51)	X-A			T-A	T-A	T-A	
Verlauf der Radbahn	seitlich des Bahnaufgangs		nördlicher Rand des Nollendorfplatzes			durch Bahnhof	
Durchgangsbreite						3.90	4.05

Die Route unterm Dach

Kurz vor dem Nollendorfplatz tritt die U2 aus dem Untergrund und wird zum Hochbahnviadukt. Die Radbahn führt wie schon am Wittenbergplatz mit beiden Spuren nördlich an der U-Bahntunnel-Ausfahrt vorbei und dann auch nördlich über den Nollendorfplatz. Ab hier fahren wir unter Dach und das besonders großzügig. Ein Teil der Konstruktion ist im Originalzustand von 1898 und sehr dekorativ mit Jugendstileinflüssen. Der Bahnhof Bülowstraße ist ein Idealfall für die Radbahn, denn er kann in der Mitte durchfahren werden.

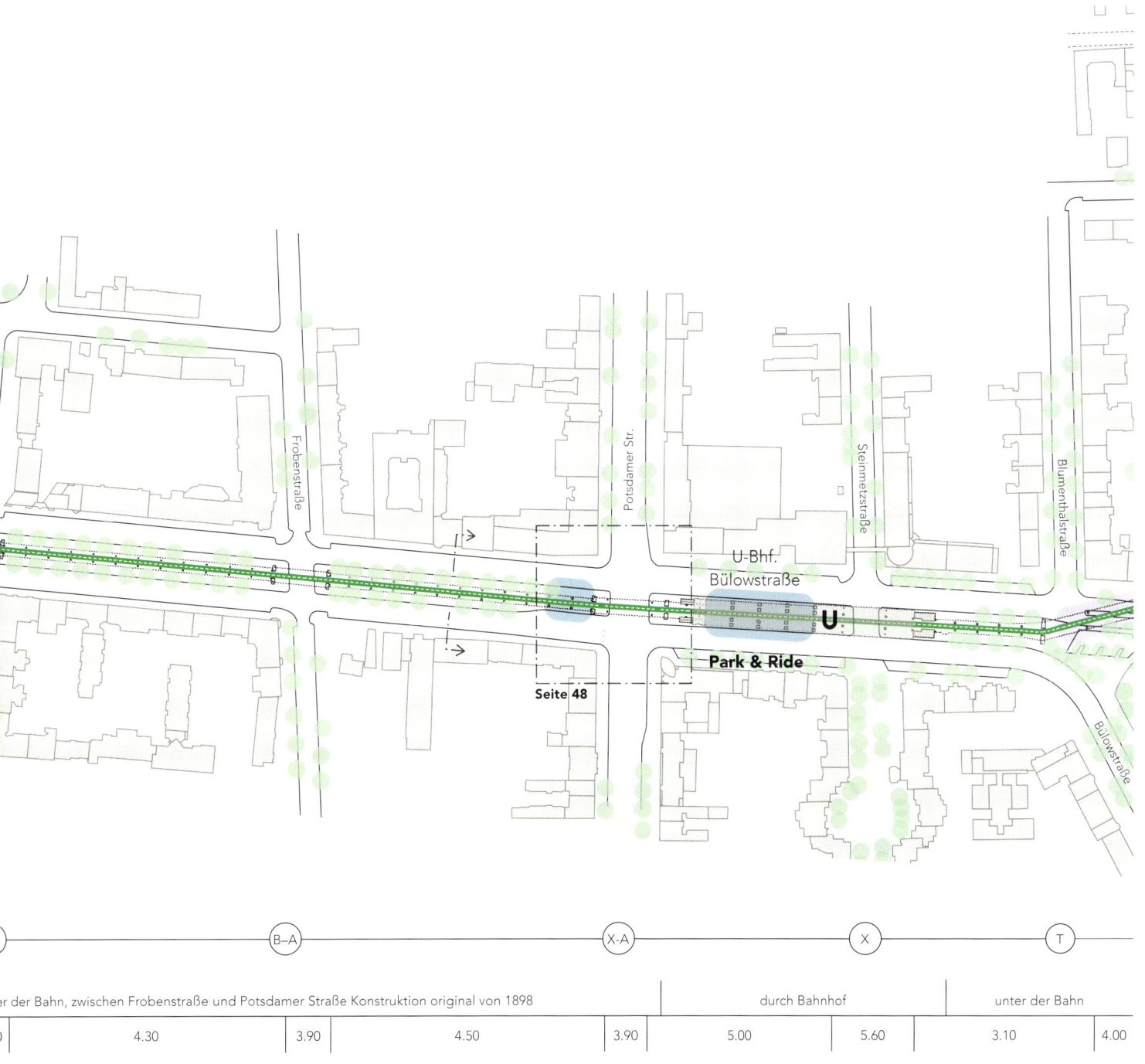

	B–A		X–A		X		T	
ter der Bahn, zwischen Frobenstraße und Potsdamer Straße Konstruktion original von 1898					durch Bahnhof		unter der Bahn	
	4.30	3.90	4.50	3.90	5.00	5.60	3.10	4.00

Die Bahn erscheint

Rampe in Richtung Nollendorfplatz, um 1902 Arbeitsgemeinschaft Berliner U-Bahn e.V: Berliner-U-Bahn-Bau, Seite 10, BVG, Berlin 2001 / unbekannter Fotograf

Der Tunneleintritt der Hochbahn markiert die Grenze zwischen dem reichen Charlottenburg, das bis 1920 noch selbstverwaltete Stadt war, und den traditionell ärmeren Arbeiterbezirken Schöneberg und Kreuzberg.

Geschichte der U-Bahn

Die Geschichte von Berlins erster unabhängiger Bahn (U-Bahn) ist höchst spannend. Über Jahre konkurrierten mit AEG und Siemens zwei Berliner Unternehmen um den Auftrag zum Bau der ersten Untergrund- bzw. Hochbahn. Vorbilder waren damals bereits die Wuppertaler Schwebebahn, die Röhrenbahn in London sowie das New Yorker Hochbahnnetz. Schließlich setzte sich Siemens durch und erhielt den Auftrag, eine Hochbahn entlang der abgerissenen Berliner Zollmauer zu errichten. Nach dem Spatenstich 1896 wurde in nur zwei Jahren das Hochbahnviadukt errichtet. Nach zähen Verhandlungen mit der Stadt Charlottenburg wurde beschlossen, in der Tauentzienstraße keine Hochbahn, sondern eine „Unterpflasterbahn" zu bauen und die Strecke bis zum Knie (dem heutigen Ernst-Reuter-Platz) zu führen. Nach Fertigstellung dieses Bauabschnitts verlief die Stammstrecke ab 1902 vom Ernst-Reuter-Platz bis zur Warschauer Brücke, wobei sie auch noch vom Gleisdreieck zum Potsdamer Platz führte.

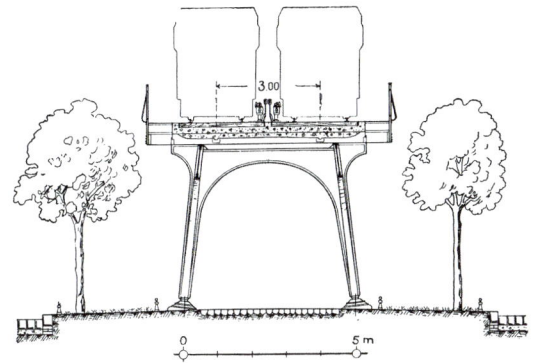

Vorschlag Siemens & Halske (Hochbahn)

Sammlung Mauruszat
aus: Hochbahngesellschaft Berlin: Zur Eröffnung der Erweiterungs-
linie vom Spittelmarkt über den Alexanderplatz zur Schönhauser
Allee, Berlin 1913

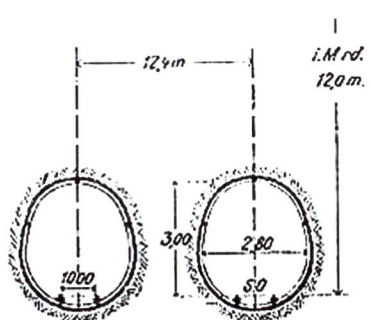

Vorschlag AEG (Röhrenbahn)

aus: Bousset, J.: Die Berliner U-Bahn, Verlag von Wilhelm Ernst &
Sohn, Berlin 1935

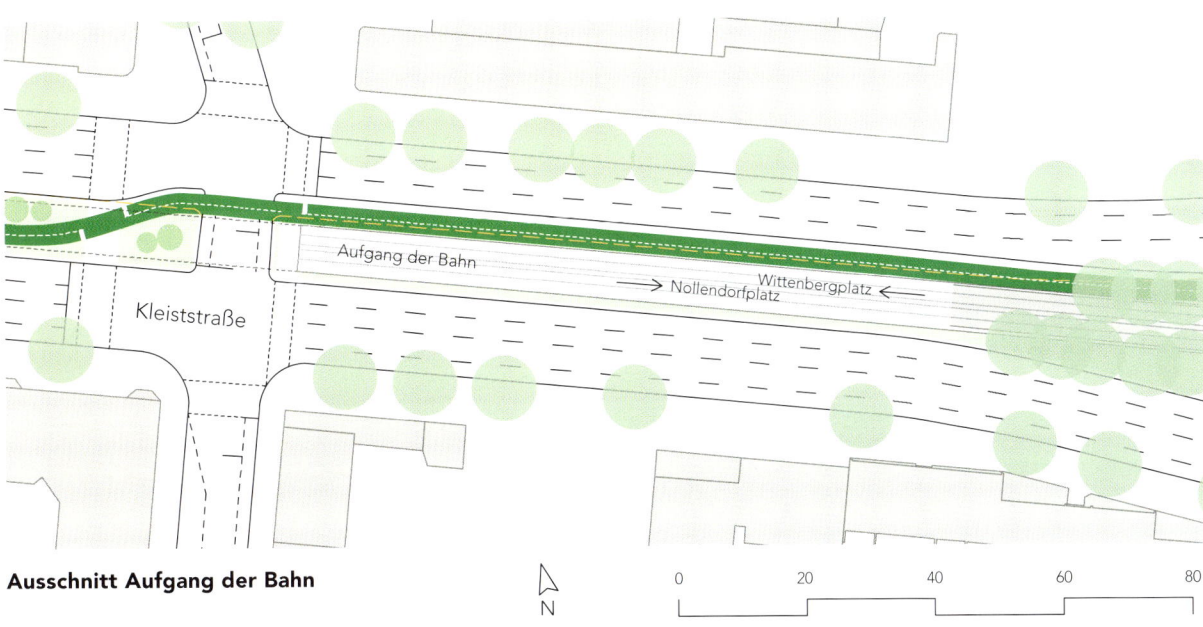

Ausschnitt Aufgang der Bahn

Charakter Nollendorfplatz

Der Nollendorfplatz war ursprünglich als sogenannter „Schmuckplatz" in der Kaiserzeit angelegt worden, mit viel Grün und einer Brunnenanlage. Durch schwere Bombenschäden im Zweiten Weltkrieg und den autogerechten Umbau Anfang der 1970er Jahre verlor der Platz seinen ursprünglichen Charakter. Heute ist er, obwohl verkleinert, als Umsteigeplattform zwischen vier U-Bahnen und sieben Buslinien bereits ein bedeutender Knotenpunkt.

Mit dieser Studie blicken wir in die Zukunft und sehen für den Nollendorfplatz großes Potenzial, einen bedeutenden Mobilitätshub zu beherbergen. Die architektonischen Voraussetzungen sind ideal für eine neue Schnittstelle zwischen ÖPNV, Fußgänger-, Rad- und E-Mobilität. Unseren Fokus legen wir insbesondere auf Rad- und Auto-Sharing-Modelle sowie eine attraktive Kommunikation der neuen Möglichkeiten, die sich durch Multimodalität für Reisende ergeben.

Das funktionale U1-Viadukt wurde Anfang des 20. Jahrhunderts beispielsweise mit der Anlage eines romantischen Brunnens und einiger Rasenflächen entschärft. Das Ziel einer menschengerechten Architektur in der Stadt ist heute so aktuell wie damals.

Brunnen Nollendorfplatz Fotografie: Max Missmann, Berlin, 1904. Inv.-Nr. : IV 67/513 V © Stiftung Stadtmuseum Berlin. Reproduktion: Michael Setzpfandt, Berlin

Parkanlage um den Nollendorfplatz Fotografie: Max Missmann, Berlin, 1909. Inv.-Nr.: unbekannt © Stiftung Stadtmuseum Berlin. Reproduktion: Michael Setzpfandt, Berlin

Der Schmuckplatz, benannt nach einer siegreichen Schlacht der Preußen in Nollendorf (heutiges Tschechien), wurde in dieser Form von Generalgartendirektor Peter Joseph Lenné sowie dem Hobrecht-Plan geprägt.

Der Platz wird heute maßgeblich von dem U-Bahngebäude bestimmt sowie von zwei breiten Straßen beidseitig der Hochbahn. Die Nord-Süd-Trasse ist dreispurig.

Platz heute

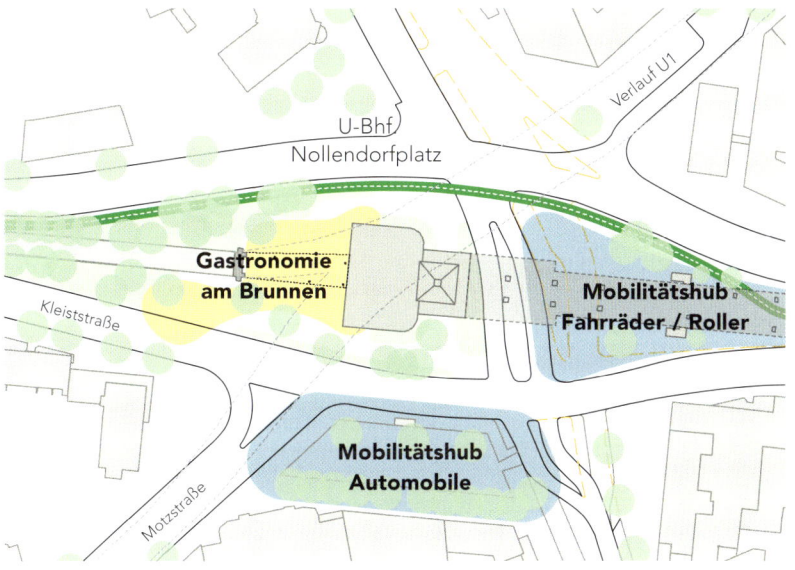

Geringes Verkehrsaufkommen erlaubt ein Verschmälern der Nord-Süd-Achse. Auf dem großzügig bemessenen, überdachten Platz östlich des Bahnhofsgebäudes entsteht ein Mobilitätshub für Fahrräder, E-Fahrräder und E-Roller. Südlich des Platzes könnten E-Autos geliehen werden. Der westliche Teil erhält seine Gastronomie rund um den Brunnen zurück.

Vorschlag

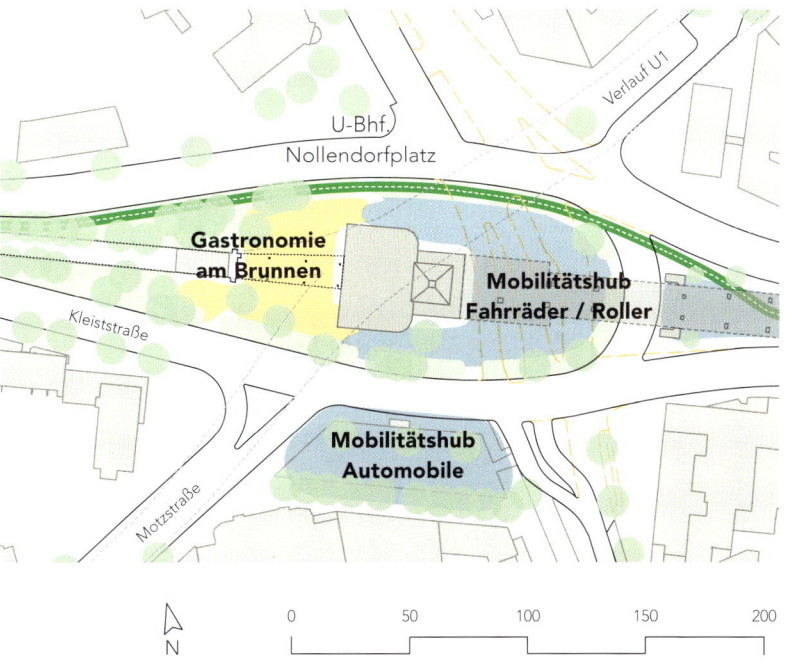

Alte Pläne und Fotos zeigen einen großzügigen urbanen Nollendorfplatz, der inmitten vieler Bäume nur von Fußgängerwegen durchschnitten wird. Es ist erstrebenswert, diesen Charakter – modern interpretiert – wiederherzustellen. Ein lebendiger und schöner Platz, der für neue Mobilität ebenso steht wie für den qualitativen Raum, den man durch sie gewinnt.

Alternative

Potenzial 2 – Freiheit durch Multimodalität

Mobilität ist eine der wichtigsten Grundvoraussetzungen für den Erfolg von Volkswirtschaften und die Ermöglichung sozialer Teilhabe. Durch das Aufkommen neuer Technologien, sozialer Innovationen und gesellschaftlicher Megatrends wird sie sich in Zukunft jedoch völlig anders darstellen als heute: Autonomes Fahren, Big Data, Informations- und Kommunikationstechnologien werden zukünftige Entwicklungspfade grundlegend beeinflussen. Um in städtischen Räumen dann eine hohe Mobilität (antizipierte potenzielle Ortsveränderungen) bei geringem Verkehrsaufkommen (durchgeführte Ortsveränderungen)[10] und damit geringen Umweltbelastungen zu ermöglichen, bedarf es vor allem auch eines intermodalen Verkehrssystems, das zuverlässig, unkompliziert und kostengünstig für alle funktioniert.

Viele Unternehmen haben mittlerweile verstanden, dass in multimodalen Verkehrssystemen die Zukunft liegt, und engagieren sich auf diesem Feld – auch in Berlin gehören erste Sharing-Systeme bereits jetzt zum Stadtbild. Mit fortschreitender technischer Innovation wird nun Schritt für Schritt auch ein Umdenken in den Köpfen von Nutzer*innen einsetzen, wobei „Nutzen statt Besitzen" als neue Freiheit verstanden wird. Während heute noch viele Personen für den Weg zur Arbeit ein einziges Verkehrsmittel, zum Beispiel das eigene Auto, das Fahrrad oder den öffentlichen Verkehr, nutzen, könnte das Reisen in Zukunft verstärkt aus einem Mix von Verkehrsmitteln bestehen: Man fährt zum Beispiel einen Teil des Weges mit dem Fahrrad, steigt dann in den ÖPNV um und benutzt für die letzten Kilometer zum Zielort Bike- oder Carsharing-Systeme. Man nutzt also die ganze Vielfalt der Dienstleistungsangebote, ohne dabei Mobilitätsmittel zwangsläufig besitzen zu müssen.

In einer weiteren Stufe der Entwicklung könnten die Angebote der unterschiedlichen Dienstleister weiter verschmelzen. Gerade in autonom fahrenden Mobilitätszellen in Kombination mit GPS-Technik, wie sie heute schon jedes Smartphone bereithält, liegt ein enormes Entwicklungspotenzial, das große Hoffnungen weckt.

Doch all diese Entwicklung ist nur dann sinnvoll, wenn sie zum Wohl der gesamten Gesellschaft und insbesondere auch im Einklang mit der Umwelt geschieht. Die öffentliche Hand ist hier stärker in einer Führungsrolle gefordert. Insbesondere Nahmobilität (Fuß- und Fahrradverkehr) muss durch Investitionen und eine kluge Stadtentwicklungspolitik gefördert werden, ebenso wie der ÖPNV. Einige Städte gehen bereits mutig voran, indem sie sich klar positionieren und die Verkehrswende aktiv forcieren.

Die Radbahn könnte für Berlin ein Pilotprojekt auf diesem Weg sein, an das auch intermodale Verkehrssysteme andocken können, wobei deren Funktionalität für die ganze Stadt getestet werden kann.

91 %

der Deutschen glauben, dass ihre Lebensqualität besser wäre, wenn sie nicht mehr auf ein Auto angewiesen wären[14]

2/3

der regelmäßigen Autofahrer*innen können sich vorstellen, in Zukunft weniger Auto zu fahren[14]

10 Ahrend, C. et al. (2013): Kleiner Begriffskanon der Mobilitätsforschung. IVP-Discussion Paper. Fachgebiet Integrierte Verkehrsplanung. Technische Universität Berlin, Berlin.
14 Umweltbundesamt (2017): Umweltbewusstsein in Deutschland 2016. Ergebnisse einer repräsentativen Bevölkerungsumfrage. Umweltbundesamt, Dessau.

Mobilitätshubs entlang der Radbahn

Entlang der Radbahn bieten sich mehrere Showcases für intermodale Mobilitätsstationen (Mobilitätshubs) an. Viele Verkehrsträger werden durch sie miteinander verbunden. Rad-, Fuß- und Straßenverkehr sind entlang der gesamten Strecke gegeben, an bestehenden und geplanten U- und S-Bahn-Stationen macht ein Mobilitätshub besonders Sinn. Jeder U-Bahn-hof hat das Potenzial, zu einer solchen intermodalen Umsteigeplattform zu werden, wobei insbesondere sechs Bahnhöfe ein gesteigertes Potenzial aufweisen:

- Bahnhof Zoologischer Garten (Regio, S-Bahn, U2, U9 und etliche Buslinien)
- U-Bahnhof Nollendorfplatz (U1, U2, U3, U4 sowie Buslinien)
- S-Bahnhof Gleisdreieck (S21 in Planung, U1, U2)
- U-Bahnhof Hallesches Tor (U1, U6, Buslinien)
- U-Bahnhof Kottbusser Tor (U1, U8)
- S-Bahnhof Warschauer Straße (S-Bahn, U1, Tram M10 und M13)

Je nach städtebaulichem Raumangebot und Mobilitätskonzept stellen wir uns etwa Fahrrad-parkplätze – auch als abschließbare Boxen für teure Räder und Cargobikes –, Ladestationen für E-Car- und E-Bike-Sharing, Leihfahrräder sowie Packstationen für Logistikdienstleister und DIY-Reparaturstationen vor. Natürlich darf dieses Mobilitätsangebot nicht zu monofunktional gedacht werden, denn zu Bewegungsangeboten gehören auch Pausen: Gastronomische Angebote, Sitzmöglichkeiten und etwas Grün bieten hier einen Gegenpol zur effizienten Fortbewegung.

Mobilitätshub Nollendorfplatz

Inspiriert von seiner anmutenden Vergangenheit, sehen wir im Nollendorfplatz den perfekten Mobilitätshub: drei U-Bahnlinien, mehreren Busverbindungen, eine zentrale städtische Lage sowie genügend Platz für Aufenthalts- und Verkehrsflächen sowohl direkt an der Hochbahn als auch an den angrenzenden Bürgersteigen.

Über seine intermodale Funktionalität hinaus denken wir auch eine Informationsstraße mit. Angelehnt an die große Zeit des Automobils in den 1950er Jahren, als der Drive-in und das Autokino en vogue waren, könnten jetzige Pkw-Nutzer*innen passende Sharing-Modelle für ihren Bedarf kennenlernen, denn oft fällt der erste Schritt zur Änderung der Gewohnheit am schwersten.

Mobilitätshub Nollendorfplatz

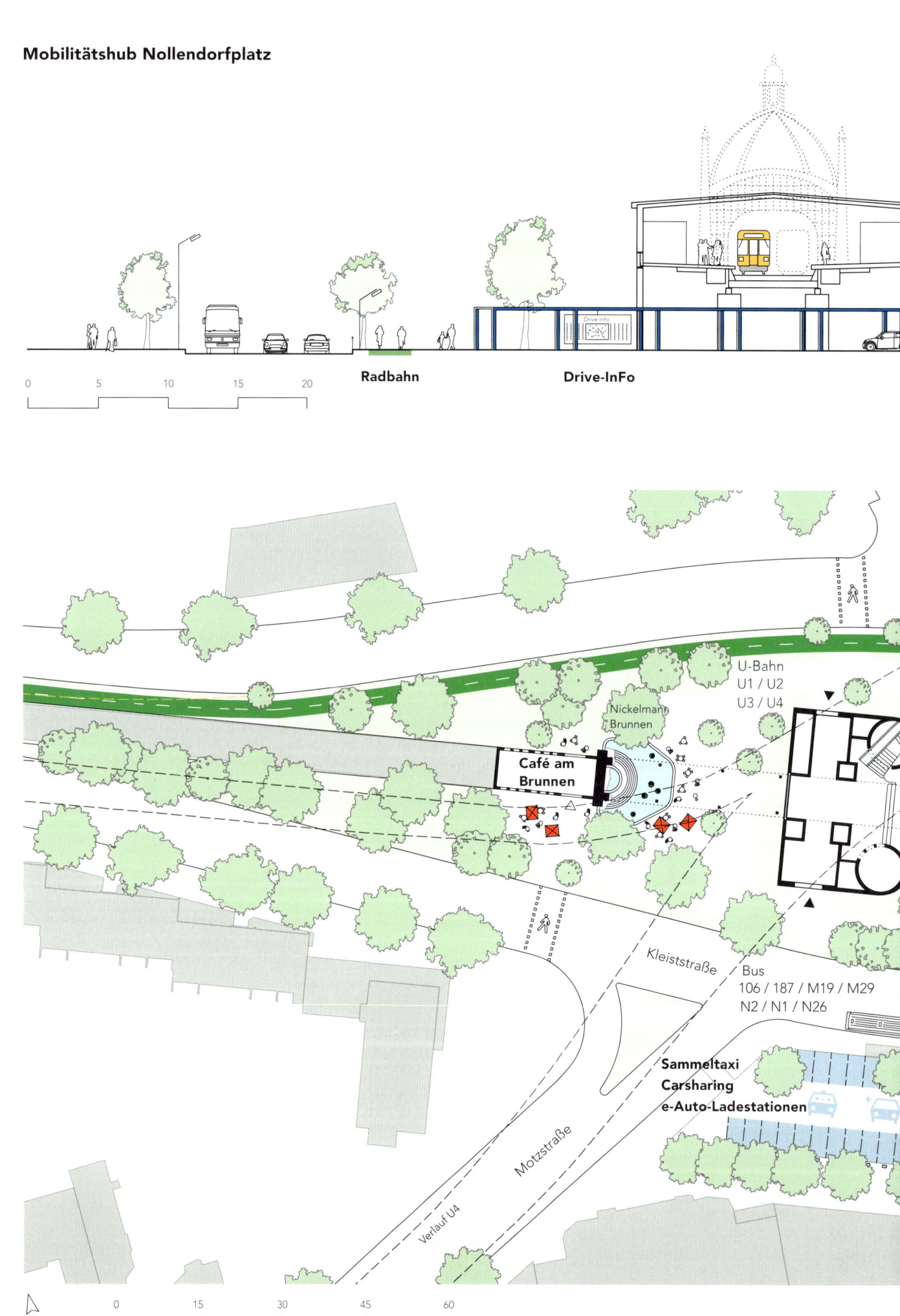

0   5   10   15   20

Radbahn   **Drive-InFo**

U-Bahn
U1 / U2
U3 / U4

Nickelmann
Brunnen

**Café am
Brunnen**

Kleiststraße

Bus
106 / 187 / M19 / M29
N2 / N1 / N26

**Sammeltaxi
Carsharing
e-Auto-Ladestationen**

Motzstraße

Verlauf U4

N

0   15   30   45   60

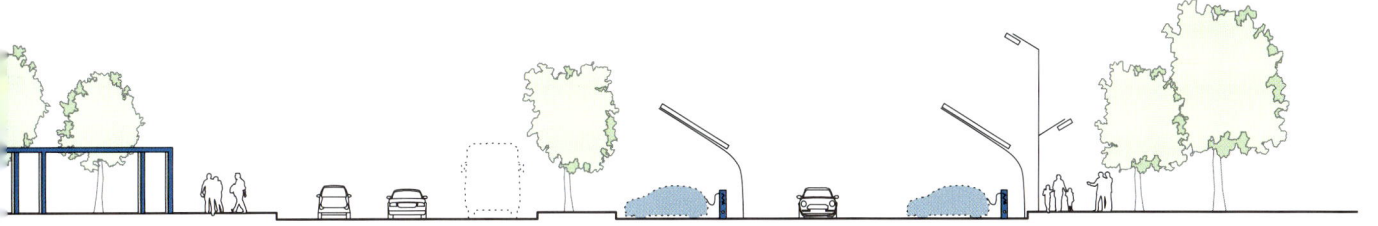

Sammeltaxi, Carsharing, e-Auto-Ladestationen

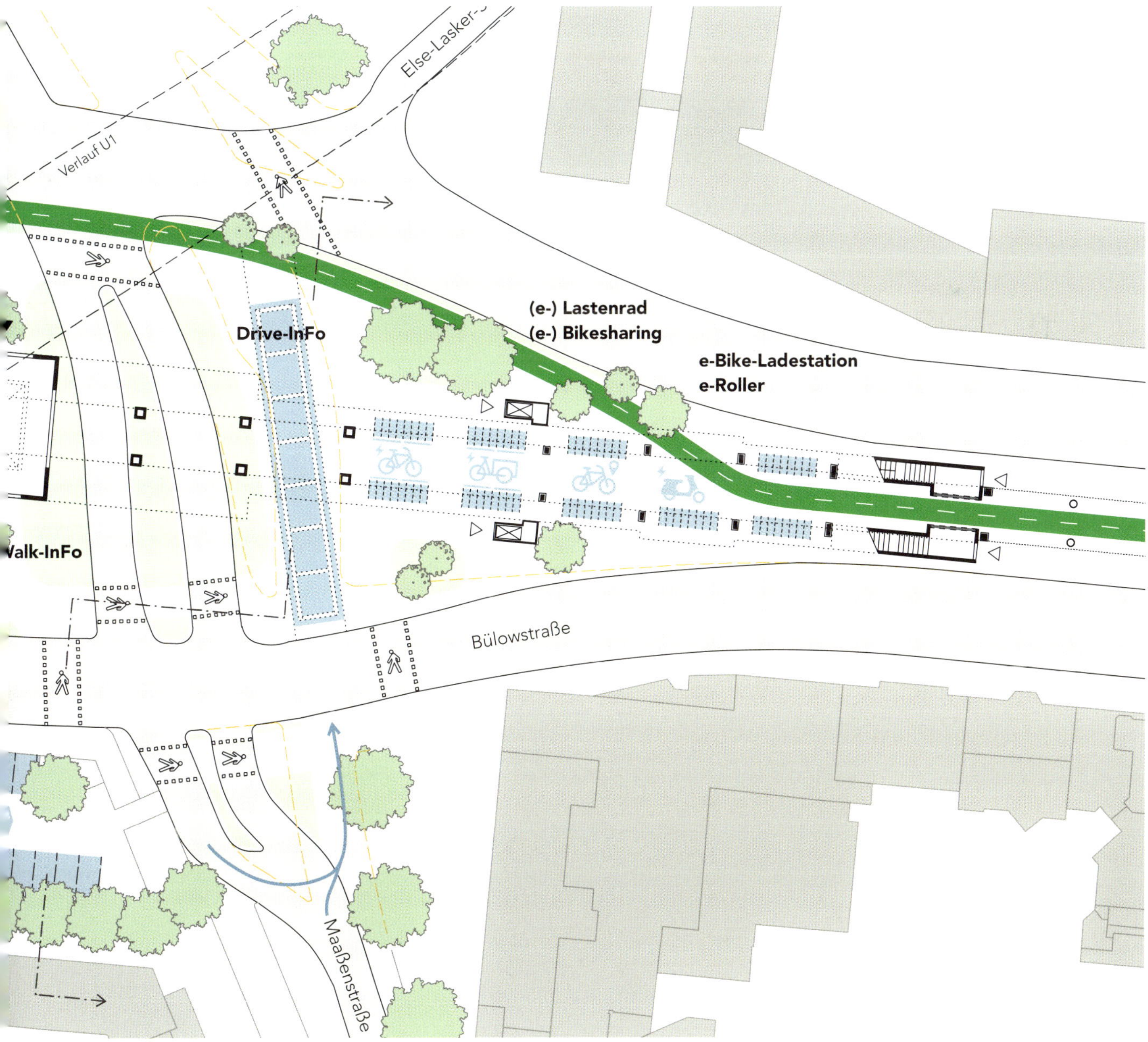

Else-Lasker-

Verlauf U1

Drive-InFo

(e-) Lastenrad
(e-) Bikesharing

e-Bike-Ladestation
e-Roller

Walk-InFo

Bülowstraße

Maaßenstraße

Die Zufahrtsstraße zum Parkraum wird zur Radbahn – die Kfz-Stellplätze selbst könnten während der Übergangsphase aber zum Großteil parallel bzw. entlang der Hochbahn erhalten bleiben, wie der Schnitt unten zeigt.

Unter der Bahn, Originalkonstruktion von 1898

Auf der Bülowstraße zwischen Nollendorfplatz und Park am Gleisdreieck ist die Struktur des Viadukts besonders breit und weitestgehend im Originalzustand, wie sie der Architekt Alfred Grenander Ende des 19. Jahrhunderts gestaltete. Hier bedarf es lediglich einer guten Beleuchtung für sicheres Fahren und einer Separierung von den Autos durch Grünanlagen.

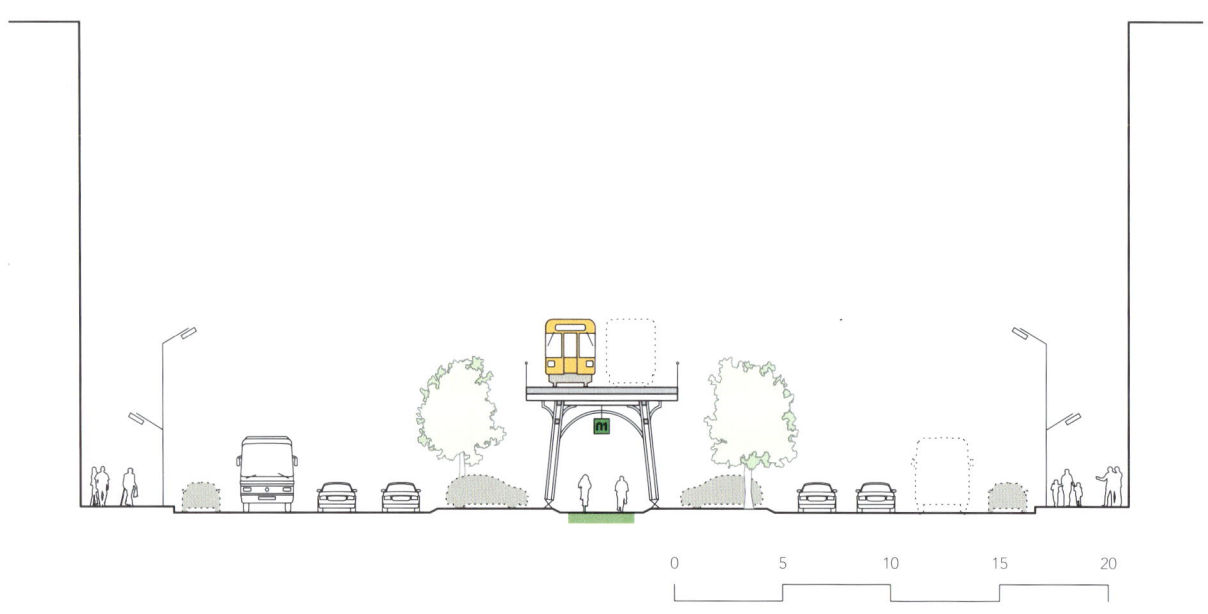

Dieses Projekt ist ein vorbildliches Beispiel dafür, wie in bestehenden, aber bislang ungenutzten Ressourcen im urbanen Raum neues Potenzial erkannt und in ein öko-freundliches Gesamtkonzept eingebunden wird. Mit der Radbahn kann ein Diskurs über die Attraktivität des Fahrradfahrens im Stadtverkehr in Gang gesetzt werden – diese Strecke in Berlin hat es besonders nötig.

Prof. Dr. h.c. Erik Spiekermann, Designer des Berlin-Logos sowie Entwickler des BVG-Leitsystems nach dem Fall der Mauer

Durch den Bahnhof Bülowstraße

Kurz vor dem U-Bahnhof Bülowstraße überqueren wir mit der Potsdamer Straße die Bundesstraße 1. Nun folgt ein aufregender Moment, denn wir fahren mitten durch den Bahnhof hindurch, eine Situation, die sich als ideal für das Konzept der Radbahn darstellt. Auf Seite 58 zeigen wir in der Visualisierung, wie das aussehen könnte.

Doch zunächst einmal wird diese Kreuzung auf den folgenden Seiten als Fallbeispiel hinsichtlich Sicherheit der Verkehrsteilnehmer*innen, insbesondere derer, die mit dem Rad oder zu Fuß unterwegs sind, analysiert. Anschließend stellen wir systematisch alle Kreuzungen und Bahnhofstypen zusammen, welche uns im Verlauf der Radbahn begegnen werden.

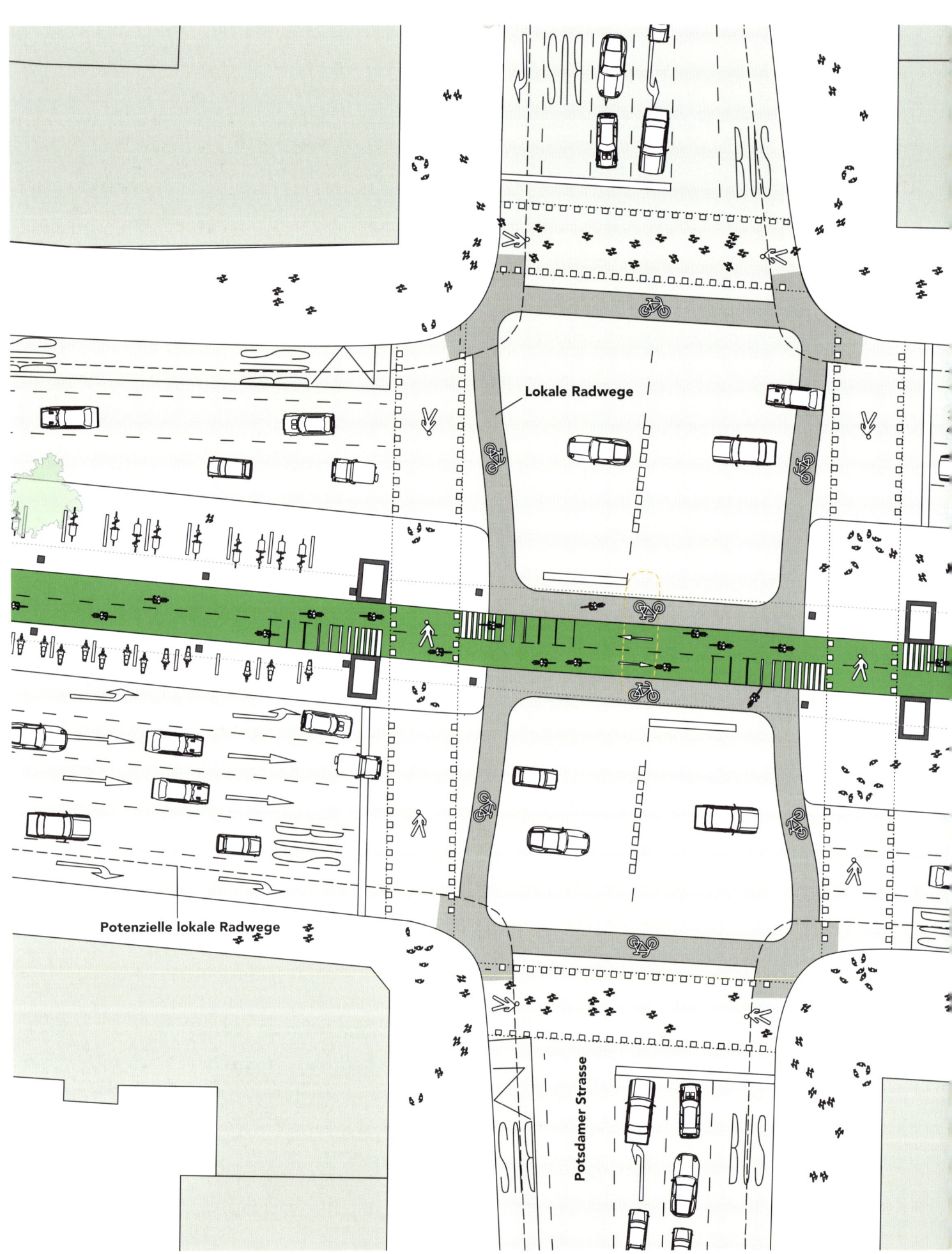

Lokale Radwege

Potenzielle lokale Radwege

Potsdamer Strasse

Kreuzung Bülowstraße / Potsdamer Straße – Strategie Ampelschaltung

Die großen per Lichtsignal geregelten Kreuzungen des Ost-West-Hauptstraßenzuges mit dem Nebennetz sind in der Regel aus Gründen der Leistungsfähigkeit als 2-Phasen-Systeme eingerichtet. Durch leichtes Versetzen der Haltelinien für den Kfz-Verkehr ist es möglich, die Radbahn in Mittellage zu integrieren, ohne in das bestehende System einzugreifen.

Bei hohem Verkehrsaufkommen könnte man alternativ Sonderphasen für Linksabbieger*innen einführen, so wie es zum Beispiel bei einer Straßenbahnlinie in Mittellage praktiziert wird. In der Bülowstraße sind Aufstellflächen für linksabbiegende Kraftfahrzeuge vorhanden, sodass hier die Radbahn eine gemeinsame Grünphase mit der Geradeausrichtung hat und vor den Linksabbiegenden durch deren Extraphase geschützt wird.

Potenzielle lokale Radwege

Bülowstrasse

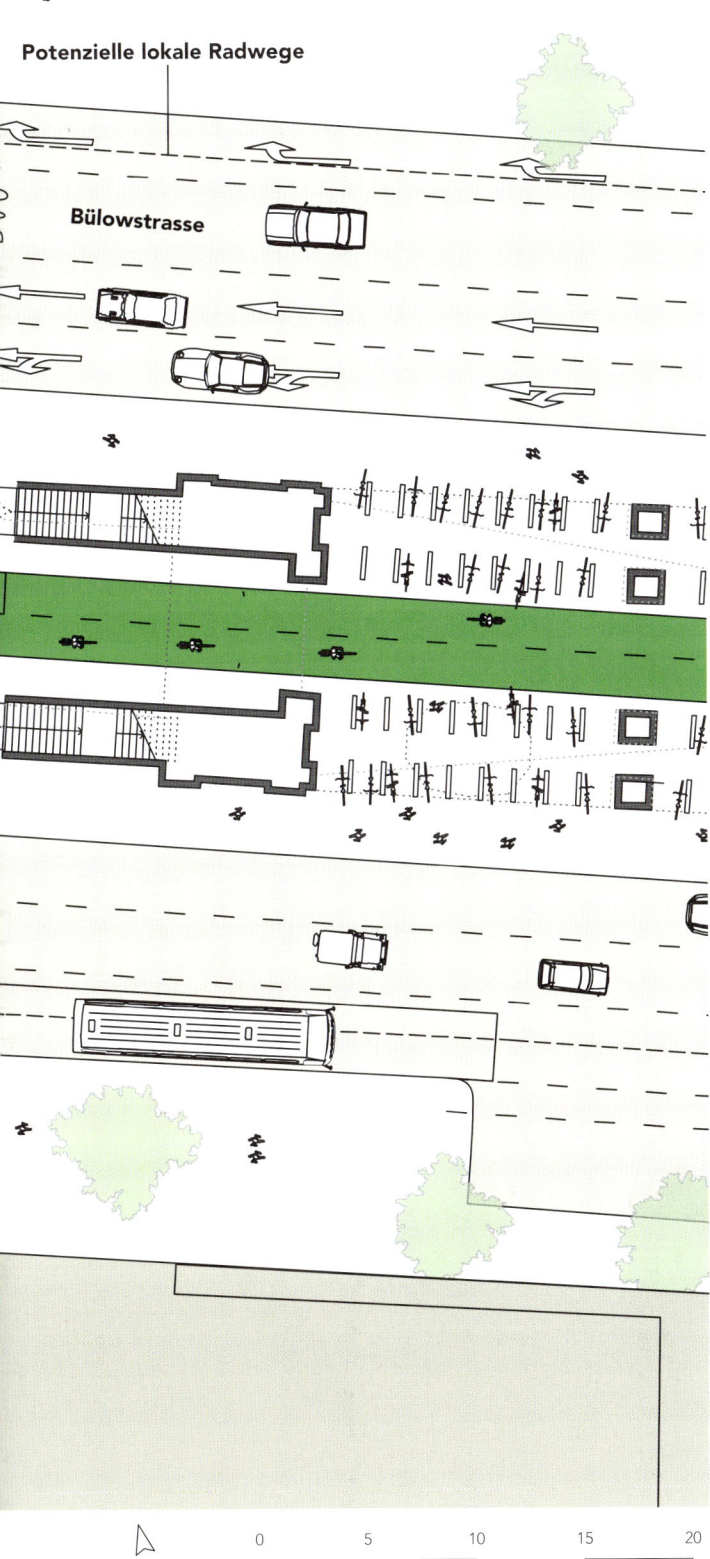

90 %

der Abbiegeunfälle, bei denen ein Auto rechts abbiegt und dabei mit einem Radfahrenden kollidiert, werden von den Autofahrer*innen verursacht[15]

0   5   10   15   20

N

15 Unfallforschung der Versicherer (UDV) (2013): Unfälle zwischen abbiegenden Kfz und Radfahrern. Unfallforschung kommunal Nr. 16. https://udv.de/de/publikationen/unfallforschung-kommunal/unfaelle-zwischen-abbiegenden-kfz-und-radfahrernradfährern)

Sicherheit beim Linksabbiegevorgang (Sequenz innerhalb eines Phasenwechsels)

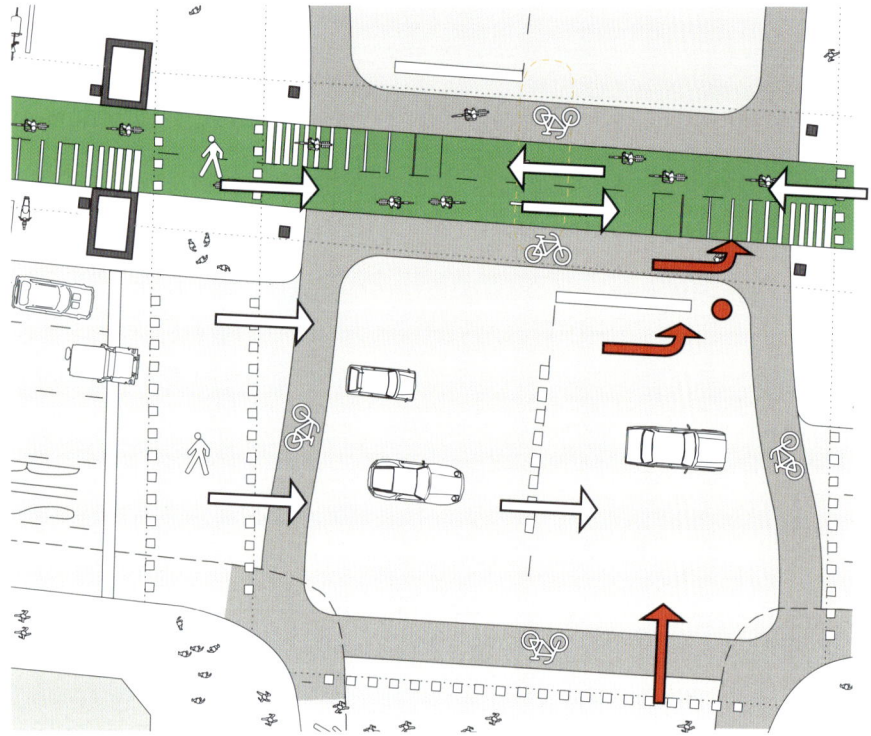

Sowohl linksabbiegende Radfahrer*innen als auch Kraftfahrzeuge warten auf eigens dafür bereitgestellten Aufstellflächen, bis die Phase des Geradeausverkehrs beendet ist. Die Linksabbiegerampel auf der Kreuzung signalisiert Rot.

Linksabbieger warten

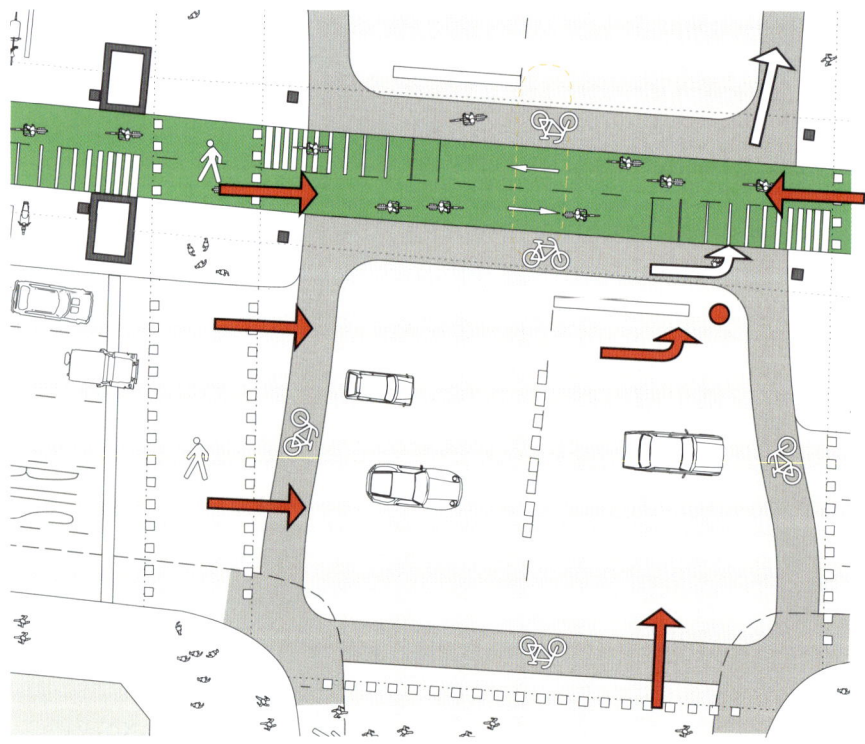

Die Hauptphase des Geradeausverkehrs entlang der Radbahn ist beendet. Jetzt wird zunächst der Linksabbieger-Räumpfeil für Fahrräder auf Grün geschaltet, damit sie die Kreuzung vor den Autos verlassen.

Fahrräder zuerst

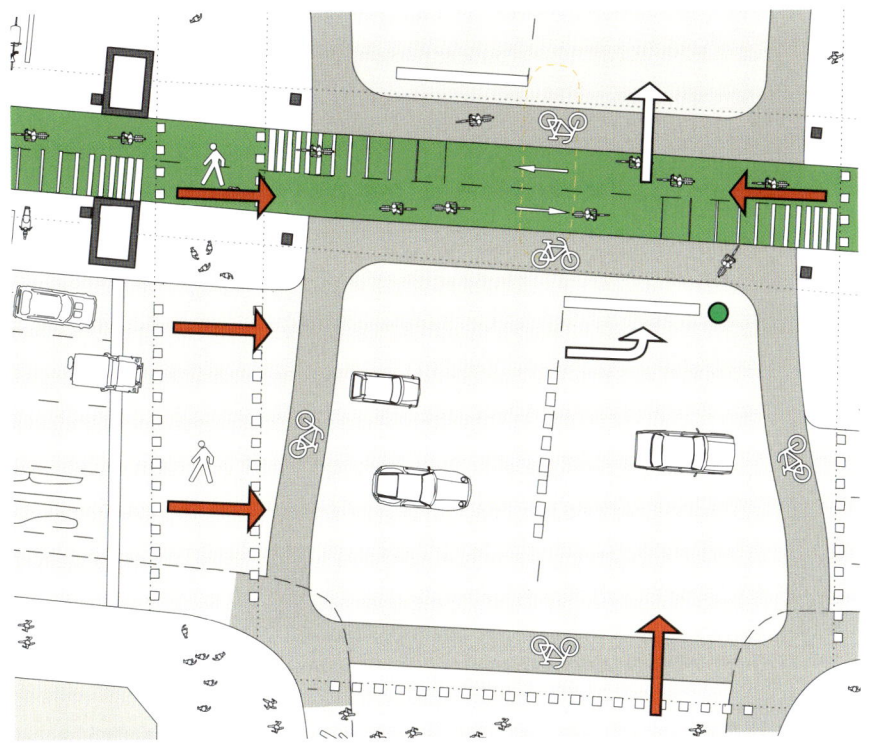

Mit kurzer Zeitversetzung wird nun nach Räumung der Fahrräder den wartenden Kfz-Linksabbiegern freie Fahrt durch einen Grünpfeil signalisiert.

Dann Autos

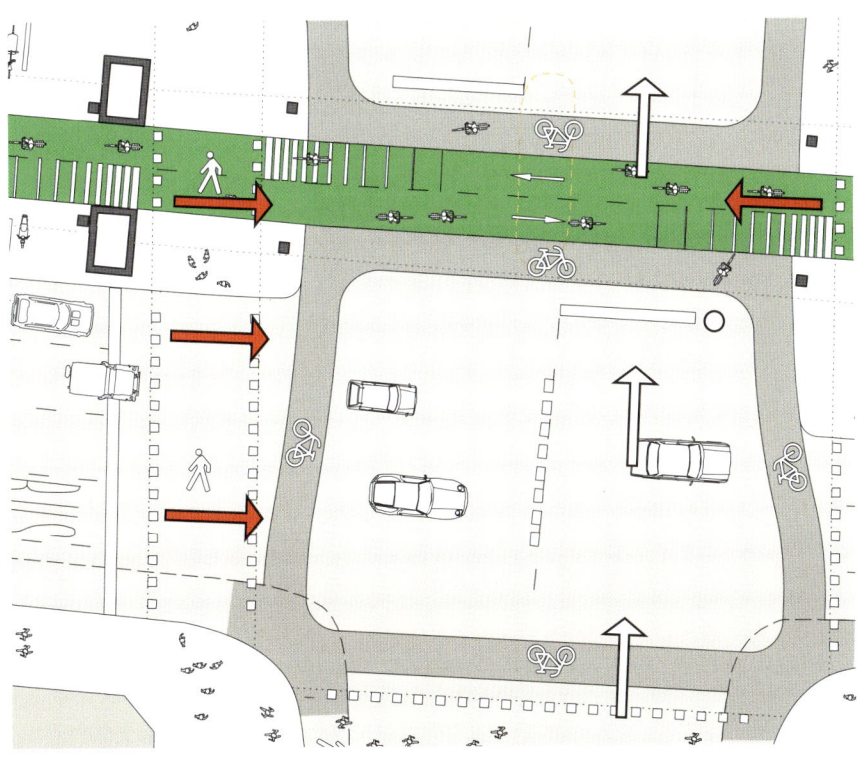

Nachdem die wartenden Kfz- und Rad-Linksabbieger die Kreuzungsinnenfläche geräumt haben, kann unmittelbar im Anschluss, mit einem geringen Zeitversatz von 1 bis 2 Sekunden, die Nebenrichtung freigegeben werden.

Jetzt Phasenwechsel

Strategie Ampelschaltungen – Status Quo und Ausblick in die Zukunft

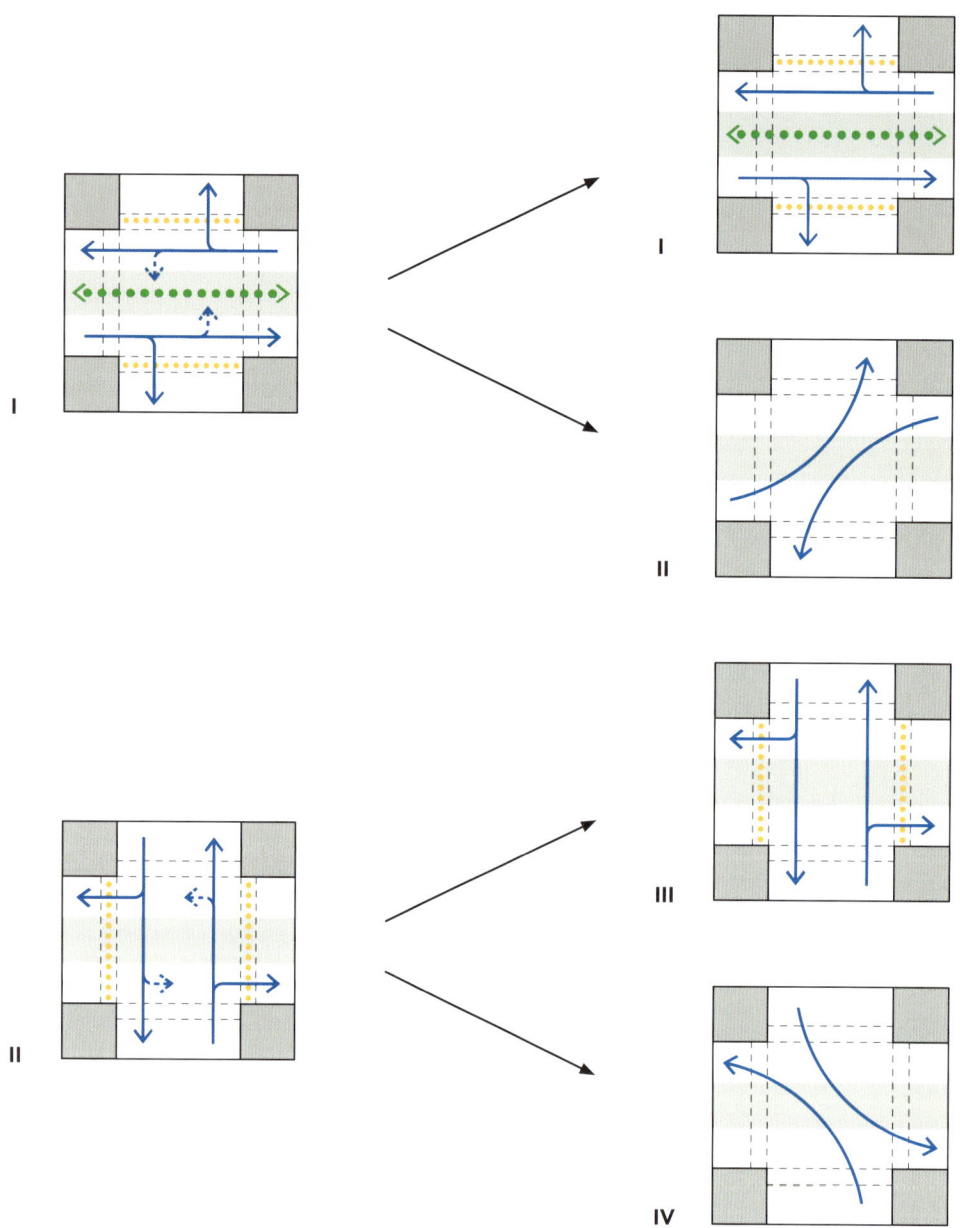

Aktuell: Zwei Phasen

In der Hauptphase werden Kfz-Geradeaus und Radbahn gemeinsam freigegeben. Die Linksabbieger müssen, wie bisher praktiziert, in den Phasenwechseln abfließen. Eine zusätzliche Linksabbiegerampel unmittelbar vor der Radbahn schützt Radfahrende.

Die Zweiphasenregelung ist eine gängige Praxis in Berlin, um Wartezeiten kurz zu halten. Wie auf vorheriger Seite beschrieben, lässt sie sich einfach anwenden, auch unter Berücksichtigung der Radbahn.

Alternative: Vier Phasen

Kfz-Geradeaus und Radbahn werden gemeinsam freigegeben. Die Kfz-Linksabbieger fließen in einer eigenen Phase ab. Bis die Radbahn wieder freigegeben werden kann, dauert es dann einen Umlauf bis zur Hauptphase.

Diese Regelung ist bei hohem Linksabbiegervorkommen zu empfehlen und führt allgemein zu erhöhter Verkehrssicherheit für Kraftfahrzeuge.

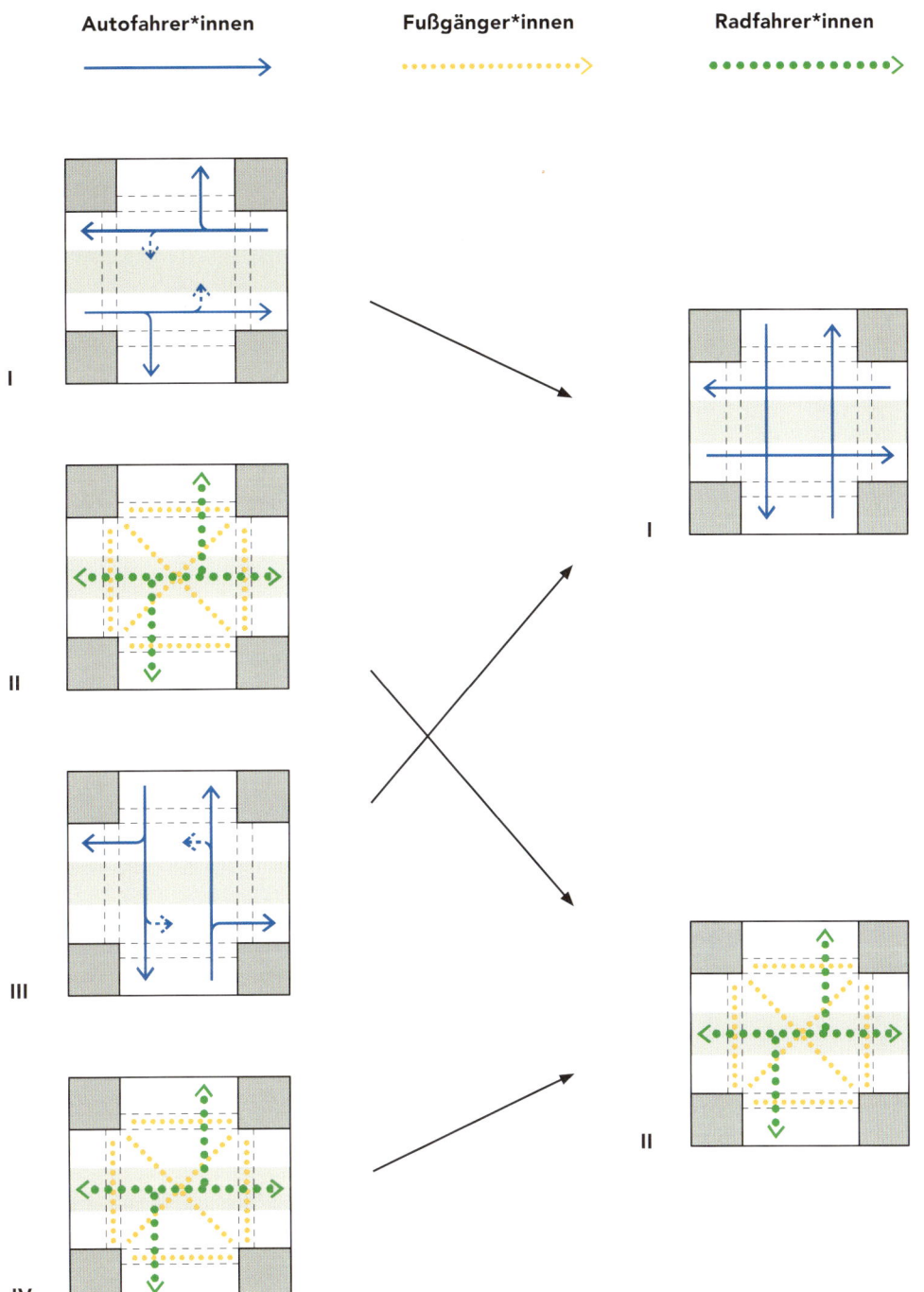

Autofahrer*innen

Fußgänger*innen

Radfahrer*innen

Tokio-System (z.B. am Checkpoint Charlie)

Wie bisher beim 2-Phasen-System wird zuerst die Hauptphase für Kraftfahrzeuge ohne Radbahn freigegeben. Im Anschluss folgt eine Sonderphase nur für die Radbahn und alle Fußgänger-Querungen. Danach wie bisher die Nebenphase für Kraftfahrzeuge und im Anschluss wieder eine Sonderphase nur für Radbahn und Fußgänger*innen.

Der große Vorteil besteht darin, dass ein Kreuzen der Kraftfahrzeuge mit dem besonders zu schützenden Rad- und Fußverkehr ausgeschlossen ist.

Ausblick Zukunft

Die zukünftige Technik selbstfahrender Autos wird eine vernetzte, ampellose Koordination beider Richtungen untereinander erlauben. Vom bisherigen 2-Phasen-System kann somit eine Kfz-Phase entfallen. Dafür gibt es eine Sonderphase für die gemeinsame Freigabe von Rad- und Fußverkehr.

Ein Kreuzen der Kraftfahrzeuge mit dem besonders zu schützenden Rad- und Fußverkehr ist ausgeschlossen und dieser kann direkt ohne Umwege erfolgen.

Parameter für die Planung der Radbahn

Die Radbahn in Mittellage nimmt verkehrsorganisatorisch die Idee der Stadtbahn auf besonderem Bahnkörper auf. Deshalb werden auch Fragen zur Gestaltung der freien Strecke und vor allem der Knotenpunkte immer mit Blick auf Analogien zur bereits auch in Berlin vielfach realisierten Führung der Stadtbahn beantwortet. Konstruktiv ist die Radbahn ein baulich getrennter Zwei-Richtungs-Radweg. Hinweise zu Entwurf und Ausführung der Radbahn sollten den üblichen Regeln der Technik, insbesondere den Regelwerken der Forschungsgesellschaft für Straßen- und Verkehrswesen (FGSV e.V.), entnommen werden:

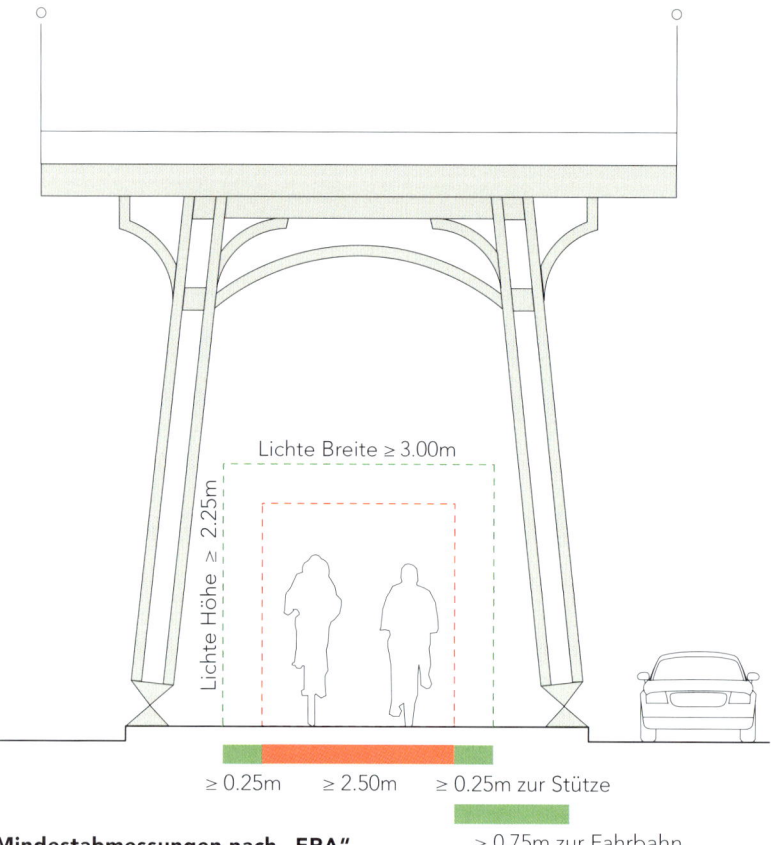

Mindestabmessungen nach „ERA"

- ERA: Empfehlungen für Radverkehrsanlagen [FGSV-Nr. 284], 2010
- Arbeitspapier Einsatz und Gestaltung von Radschnellverbindungen [FGSV-Nr. 284/1], 2014
- RASt: Richtlinien für die Anlage von Stadtstraßen [FGSV-Nr. 200], korrigierter Nachdruck Mai 2012
- Verkehrstechnische Dimensionierung nach HBS - Handbuch für die Bemessung von Straßenverkehrsanlagen [FGSV-Nr. 299], Ausgabe 2015
- Verkehrstechnik Lichtsignalanlagen RiLSA - Richtlinien für Lichtsignalanlagen - Lichtzeichenanlagen für den Straßenverkehr [FGSV-Nr. 321], Ausgabe 2015
- Merkblatt für die Anlage von Kreisverkehren [FGSV-Nr. 242], 2006
- Empfehlungen zur Mobilitätssicherung älterer Menschen im Straßenraum [FGSV-Nr. 034], 2010
- ESAS: Empfehlungen für das Sicherheitsaudit von Straßen [FGSV-Nr. 298], 2002
- HBVA: Hinweise für barrierefreie Verkehrsanlagen [FGSV-Nr. 212], 2011
- Weitere einschlägige Fachliteratur und Beispiele aus dem Ausland

Weitere Kreuzungstypologien entlang der Radbahn-Strecke

Die Gestaltung von innerstädtischen Knotenpunkten (Kreuzungen / Einmündungen) bedarf höchster Aufmerksamkeit, da sich hier alle Verkehrsteilnehmer*innen einer besonders komplexen Konfliktsituation gegenübersehen. Um die kognitive Belastung so gering wie möglich zu halten, sollen die Gestaltungsgrundsätze Erkennbarkeit, Begreifbarkeit, Befahrbarkeit/ Begehbarkeit im Vordergrund vor Leistungsfähigkeit stehen. Bei geringen Verkehrsstärken können vorfahrtgeregelte Knotenpunkte diese Aufgaben erfüllen, bei stärkerem Verkehr können Lichtsignalanlagen (LSA) den Verkehrsablauf zusätzlich sichern. Kreisverkehre sind eine sehr viel sicherere und mit LSA vergleichbar leistungsfähige Knotenpunktform, deren Anwendung mit der Radbahn gut harmoniert.

Als Alternative sind, wie bei der Stadtbahn auf besonderem Bahnkörper, auch das Verbot von Abbiege-/ Querungsbeziehungen (Z209 „Vorgeschriebene Fahrtrichtung") und das Einrichten von Blockumfahrungen (Z590 StVO) möglich. Entlang der Radbahn-Strecke ergeben sich eine Vielzahl unterschiedlichster Formen der Querungshilfen, Einmündungen und Kreuzungen, die auf der folgenden Seite in vergleichbare Grundtypologien zusammengefasst werden.

Analyse Kreuzungstypologie

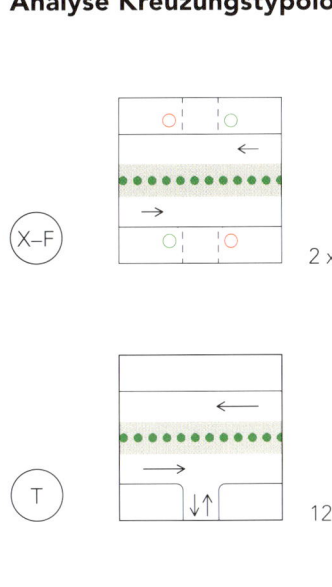

2 x

Querungshilfe Fußgänger*innen
Radfahrer*innen auf der Radbahn erhalten ein
Rotsignal, wenn Fußgänger*innen die Straße über-
queren wollen.

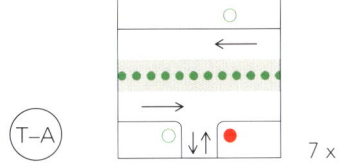

12 x

T–Kreuzung (vorfahrtgeregelte Einmündung)
Die Radbahn wird als Verkehrsstrom gemeinsam
mit dem Hauptstrom behandelt und hat Vorfahrt
vor Ab- und Einbiegern.

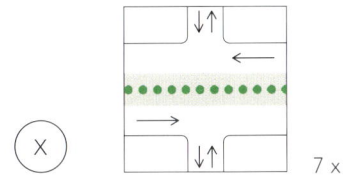

7 x

T–Kreuzung mit Ampel (Einmündung mit LSA)
Die Radbahn wird als Verkehrsstrom gemeinsam
mit der Hauptrichtung im Signalprogramm berücksichtigt.

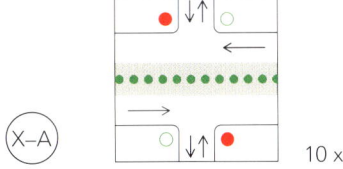

7 x

X–Kreuzung (vorfahrtgeregelte Kreuzung)
Die Radbahn in Mittellage ist gemeinsam mit dem
Hauptstrom vorfahrtberechtigt.

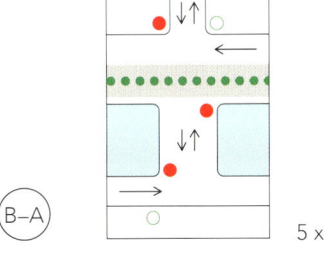

10 x

X–Kreuzung mit Ampel (Kreuzung mit LSA)
Die Radbahn in Mittellage wird gemeinsam mit dem
Hauptstrom signalisiert.

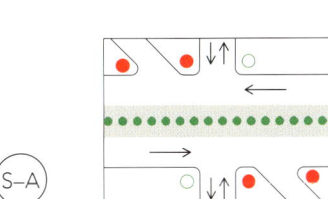

5 x

Brückenkreuzung (aufgeweitete Kreuzung mit LSA)
Die Radbahn wird auf einer Seite in Randlage einer
Richtungsfahrbahn geführt. Signaltechnisch wird die
Radbahn mit der jeweiligen Hauptrichtung signalisiert.

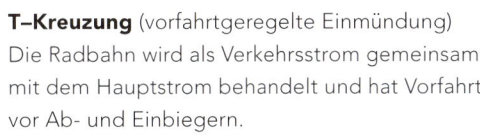

1 x

Sternkreuzung
Die Radbahn wird gemeinsam mit der Hauptrichtung geführt.

Bahnhofstypologien entlang der Radbahn-Strecke

Zum Glück und gegen die Eintönigkeit im Stadtraum gibt es verschiedene Anordnungen von Bahnhöfen und im Besonderen von Zu- und Ausgängen zu und von den Bahnsteigen. Diese Vielfalt nimmt die Gestaltung der Radbahn gerne auf und entwickelt für verschiedene Bahnhofstypologien entsprechend eingepasste Gestaltungen der Verkehrsflächen.

Grundsätzlich stellt sich wieder dieselbe Frage wie bei einer Eingliederung einer Stadtbahn auf besonderem Bahnkörper, nämlich wie die Konflikte von Durchgangsverkehr und Begegnungen mit den Fahrgästen barrierefrei und komfortabel abgestimmt werden können.

Je nach Platzverhältnissen und je nachdem, ob die U-Bahn in Hoch- oder Tieflage, mittig oder seitlich im Straßenraum geführt wird, befinden sich die Zu- und Ausgänge auch gemischt als a) gemeinsame breite Treppen/Aufzüge in Mittellage, oder b) getrennte Treppen/Aufzüge in Mittellage oder im Seitenbereich. Dementsprechend muss die Radbahn vor allem so gelegt werden, dass Überschneidungen direkt im näheren Umfeld der Zu- und Ausgänge vermieden werden. Ein Nebeneinander und Durchdringen von Fußgänger- und Radverkehr ist aber in Berlin an sich keine Besonderheit, an vielen Kreuzungen befinden sich die Fußgänger- und Radwege insbesondere an Ampeln direkt nebeneinander und die Aufstell-bereiche vor Ampeln gehen häufig ineinander über. Viel wichtiger für die Sicherheit der Fußgänger*innen sind der Schutz und die Abtrennung vor dem schnell fahrenden Kfz- und Lkw-Verkehr, der nicht bremsen oder ausweichen kann, wenn unvermittelt Fußgänger*innen aus der U-Bahn kommend die Fahrbahn überqueren.

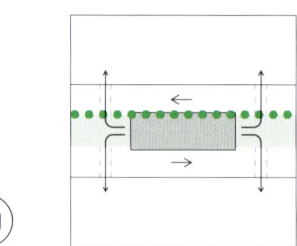

Bahnhof Wittenbergplatz
Die Radbahn verläuft seitlich des Bahnhofs. Die Ausgänge des Bahnhofs befinden sich an den Stirnseiten.

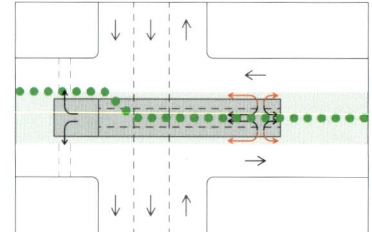

Bahnhof Nollendorfplatz
Die Radbahn verläuft teilweise seitlich des Bahn-hofgebäudes und teilweise unter dem Bahnhof zwischen den Stützen. An der Ostseite münden die Ausgänge zentral unter dem Bahnhof. Bei Platz-mangel bestünde die Möglichkeit, die Richtung der Ausgänge zu verlegen (siehe rote Pfeile).

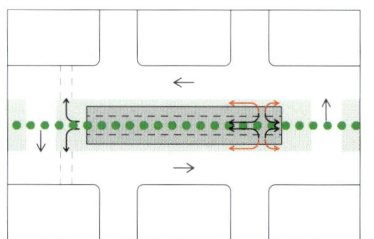

Bahnhof Bülowstraße
Die Radbahn verläuft mittig zwischen den Bahnhofsausgängen. An der Ostseite münden die Ausgänge zentral unter dem Bahnhof. Bei Platz-mangel bestünde die Möglichkeit, die Richtung der Ausgänge zu verlegen (siehe rote Pfeile).

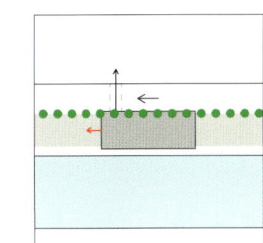

Bahnhof Möckernbrücke

Die Radbahn verläuft seitlich des Bahnhofs. Die Ausgänge des Bahnhofs führen zur Seite. Falls nicht ausreichend Platz zwischen Ausgängen und Straße bestünde, könnte man sie zur Stirnseite verlegen (siehe rote Pfeile).

(B–3)

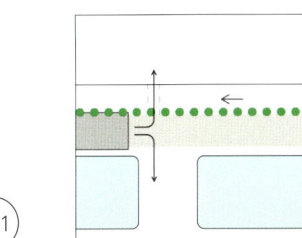

Bahnhof Hallesches Tor

Die Radbahn verläuft seitlich des Bahnhofs. Die Ausgänge des Bahnhofs befinden sich an den Stirnseiten.

(B–1)

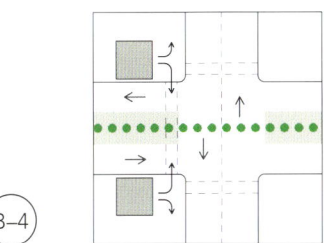

Bahnhof Prinzenstraße

Die Radbahn verläuft mittig durch den Bahnhof. Die Ausgänge führen die Passant*innen über eine Brücke auf die Seitenstreifen.

(B–4)

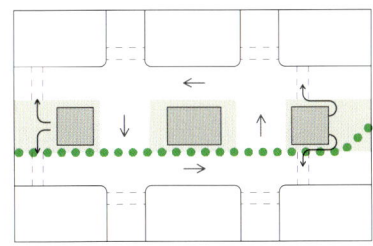

Bahnhof Kottbusser Tor

Die Radbahn verläuft seitlich des Bahnhofs. Die Ausgänge des Bahnhofs befinden sich an den Stirnseiten oder seitlich auf den Gehwegen.

(B–1)

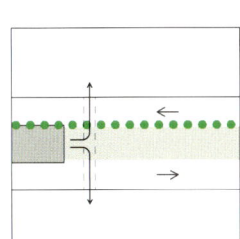
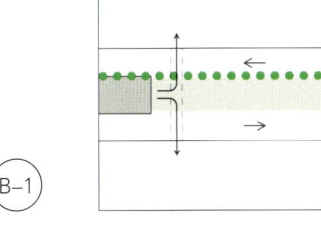

Görlitzer Bahnhof

Die Radbahn verläuft seitlich des Bahnhofs. Der Ausgang des Bahnhofs befindet sich an der Stirnseite.

(B–1)

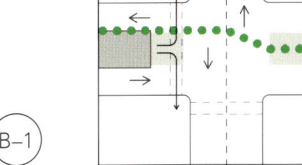

Bahnhof Schlesisches Tor

Die Radbahn verläuft seitlich des Bahnhofs. Der Ausgang des Bahnhofs befindet sich an der Stirnseite in Richtung Kreuzung.

(B–1)

Radbahn bei Nacht, U-Bahnhof Bülowstraße

Im Park

Tief Luft holen, eine Pause einlegen, Energie tanken

Der Park am Gleisdreieck ist Dreh- und Angelpunkt der Radbahn und potenzieller weiterer Radrouten. Sein Charakter unterstreicht den postindustriellen Charme der Radbahn gepaart mit neuen Technologien und modernem Stadtdesign. Hier fühlt man sich eingeladen, eine Pause einzulegen. Möglicherweise ist der Park eigentliches Freizeitziel auf der Strecke mit Angeboten für alle Altersgruppen.

Dieses Kapitel untersucht das Potenzial der Radbahn in Bezug auf Umwelt- und Gesundheitsaspekte und zeigt Möglichkeiten einer nachhaltigen Energiegewinnung für die Stromversorgung der Gesamtstrecke auf. Darüber hinaus werden drei Optionen für die Überquerung des Landwehrkanals vorgestellt.

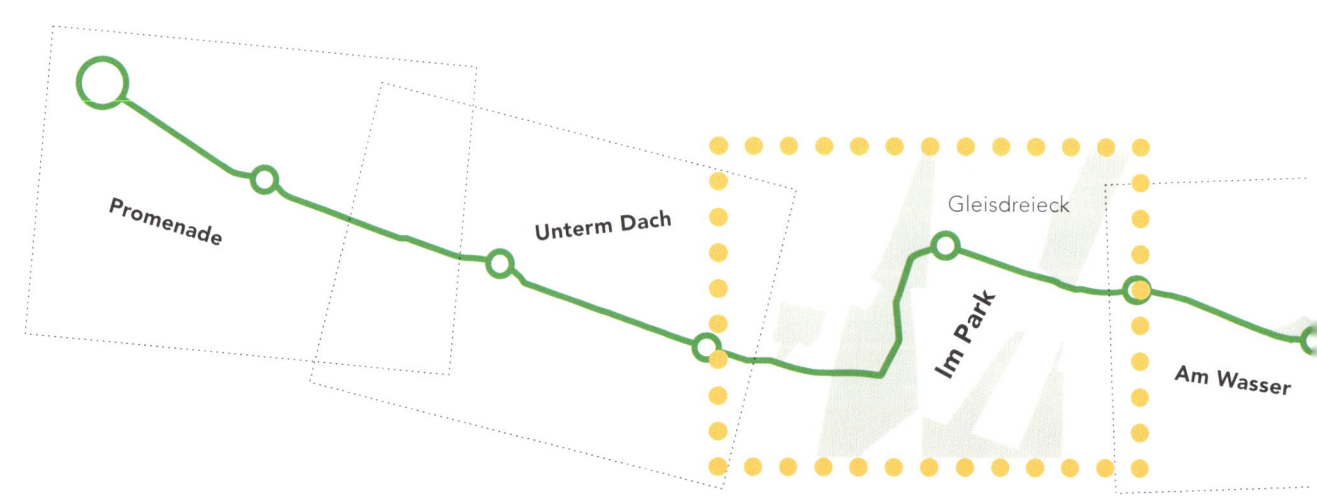

Promenade

Unterm Dach

Gleisdreieck

Im Park

Am Wasser

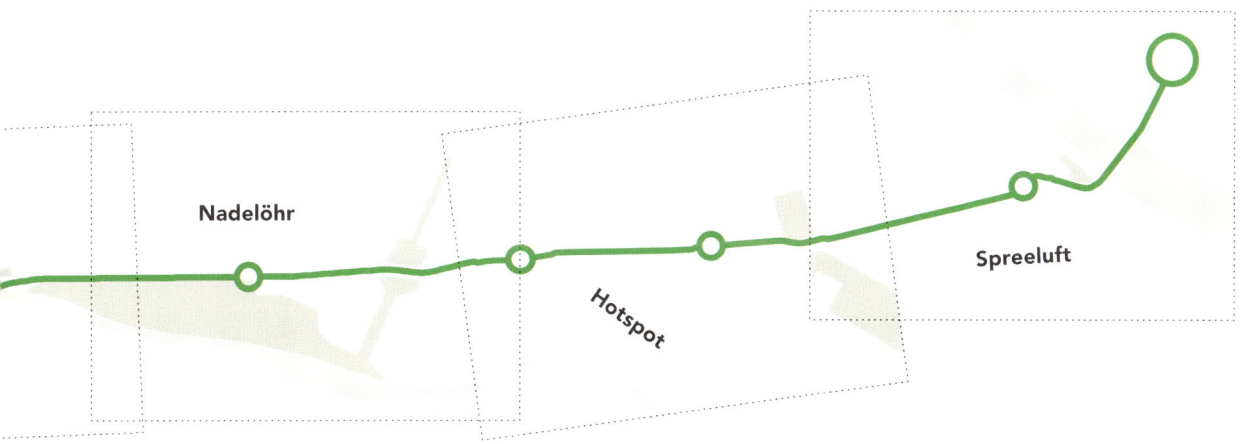

Nadelöhr

Hotspot

Spreeluft

Die Route durch den Park

Nach dem Eintritt in den Park über die Bülowstraße verlässt die Radbahn das Dach des Hochbahnviadukts. Der Park bietet mehrere schöne Parcours, die man entspannt durchradeln kann. Hier könnte mithilfe von Solarböden Strom für die gesamte Radbahn erzeugt werden.

Drei Vorschläge der Streckenführung über den Landwehrkanal folgen: (1) die Nordroute über die Schöneberger Brücke, (2) die Variante mit einer eigenen neuen Radbrücke, welche eine symbolhafte Wirkung hätte, sowie (3) die Südroute, die schließlich über die Anhalter-Fußgängerbrücke führt.

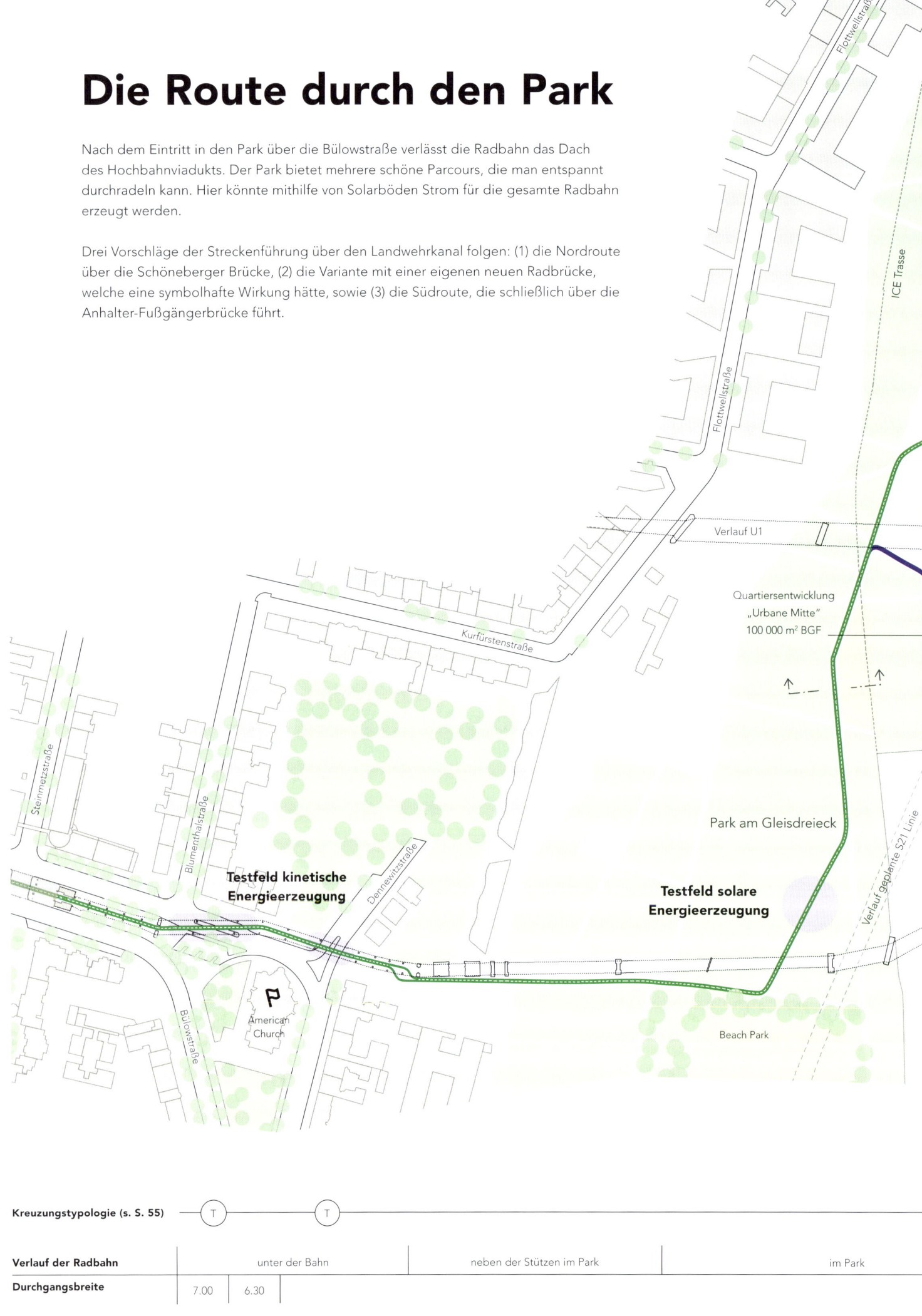

Kreuzungstypologie (s. S. 55)	T		T			
Verlauf der Radbahn		unter der Bahn		neben der Stützen im Park		im Park
Durchgangsbreite	7.00	6.30				

P

Schöneberger Straße

Tempelhofer Ufer

Hallesches Ufer

Landwehrkanal

Streckenführung Variante 1

Tempodrom

The Feuerle
Collection

Luckenwalder Straße

Streckenführung Variante 2

Radbahnbrücke

Möckernstraße

Mobile
Gastromomie

U

Hochbahnbrücke

Anhalter Steg

Möckernstrand

U-Bhf.
Gleisdreieck

Seite 68

Trebbiner Straße

Streckenführung Variante 3

Deutsches
Technikmuseum

Verlauf U7

Tempelhofer Ufer

Seite 75

Station Berlin
event space

Spectrum
science center

N

0   50   100   150   200

			B-A
auf der Straße	Brücke	unter der Bahn	neben dem Bahnhof
	3.35	4.00	4.15	

Potenzial 3 – Gesund für Mensch und Umwelt

Neben der Notwendigkeit eines leistungsfähigen Verkehrssystems für das Funktionieren einer Volkswirtschaft und die Teilhabe am gesellschaftlichen Leben ist vor allem die Begrenzung der schädlichen Verkehrsfolgen für Umwelt und Gesundheit ein zentraler Aspekt einer nachhaltigen Mobilität. Im Rahmen der Umweltauswirkungen sind neben einem globalen Klimawandel vor allem schlechte Luftqualität, Lärmbelastung und Flächenverbrauch als negative lokale Konsequenzen von Verkehr zu nennen. Im Sinne eines Nachhaltigkeitsparadigmas geht es darum, „Verkehrswachstum und seine Umweltwirkungen so zu begrenzen, dass eine dauerhaft umweltgerechte Mobilität sichergestellt werden kann"[16].

Im Folgenden wollen wir kurz auf die lokalen Umweltfolgen des Verkehrs in Bezug auf Lärm und Luftqualität eingehen: Lärmbelastung erzeugt Stress, reduziert die Lebensqualität und kann gar zu gesundheitlichen Beeinträchtigungen führen. Lärmpegel von 65 dB(A) tagsüber und 55 db(A) nachts gelten als gesundheitsgefährdend, wobei der motorisierte Straßenverkehr seit Langem die dominierende Lärmquelle in Deutschland darstellt, von dem sich mehr als die Hälfte der deutschen Bevölkerung gestört und in ihrem Lebensumfeld belästigt fühlt.[17] Luftschadstoffe wie die für den Menschen besonders gefährlichen Stickoxide und Feinstaubpartikel entstehen vor allem aufgrund von Reifenabrieb und Aufwirbelungen durch den Kraftverkehr. Da in praktisch allen deutschen Großstädten die bereits vor Jahren durch EU-Vereinbarungen festgelegten Grenzwerte regelmäßig und oft deutlich überschritten werden, drohen nicht nur Sanktionen auf politischer Ebene. Vor allem kommt es europaweit Jahr für Jahr zu weitreichenden gesundheitlichen Schäden und hunderttausenden Todesfällen, welche der Luftverschmutzung zuzurechnen sind.[18]

Um die negativen Umweltfolgen des Verkehrs in Zukunft zu minimieren, müssen drei grundlegende, hierarchisch aufeinanderfolgende Handlungsziele zugrunde gelegt werden: Vermeidung, Verlagerung und Verbesserung des Verkehrs.

Angesichts ansteigender Verkehrsleistungen (gefahrene Kilometer) des Autoverkehrs und eines stetigen Wachstums des Marktanteils von überdimensionierten SUVs ist zu konstatieren, dass selbst die Effizienzsteigerungen von Verbrennungsmotoren durch diese sogenannten „Rebound-Effekte" zunichte gemacht wurden – von Skandalen wie dem „Dieselgate" ganz zu schweigen. Die Verbesserung von Automobiltechnologie ist wichtig, darf aber nicht die wichtigste verkehrliche Maßnahme sein. Denn um eine ganzheitliche Veränderung hin zu einer umweltfreundlicheren und damit gesünderen urbanen Mobilität zu erreichen, muss die Politik auf Verkehrsvermeidung und -verlagerung abzielen. Dies kann nur geschehen, indem die Voraussetzungen geschaffen werden, die alltäglich mit dem Auto zurückzulegenden Wege in ihrer Häufigkeit zu reduzieren. Dazu bedarf es einer Verbesserung der städtischen Funktionen und Angebote – sei es eine Stärkung des Einzelhandels oder eine Verbesserung der Erholungsmöglichkeiten.

In der Folge ergeben sich dann zahlreiche Verlagerungspotenziale, denn „von Tür zu Tür" sind Fahrräder bis zu einer Strecke von 5 Kilometern, E-Bikes sogar bis zu einer Strecke von 9 Kilometern die im Schnitt schnellsten Verkehrsmittel.

Beispiele aus anderen europäischen Metropolen zeigen: eine signifikante Verlagerung städtischen Verkehrs auf das emissionsfreie Fahrrad und die intermodale Verknüpfung mit den anderen Verkehrsträgern des Umweltverbundes (zu Fuß, ÖPNV) bedeuten ein effektives Angehen der großen Umweltprobleme und damit eine deutliche Erhöhung der urbanen Lebensqualität. Ganz nebenbei und eigentlich selbstverständlich hat Radfahren als alltägliche Bewegung etliche positive Effekte auf die persönliche Gesundheit: Es verbessert die Atmung, den Fettstoffwechsel, das Herz-Kreislauf-System, die Muskulatur und Gelenke und führt somit zu einem verringerten Krebsrisiko, einem gesteigerten körperlichen und geistigen Wohlbefinden sowie zu einer höheren Lebenserwartung.[19]

0,90 €

generiert jeder mit dem Fahrrad gefahrene Kilometer im Gesundheitsbereich[20]

10-mal

mehr Menschen sterben in Europa auf Grund schlechter Luft als durch Verkehrsunfälle.[21,18] Weltweit sterben jedes Jahr 7 Mio. Menschen an den folgen von Luftverschmutzung[22]

3 bis 14

Monate verlängert sich die Lebenserwartung von Menschen, die vom Auto zum Fahrrad wechseln, durch erhöhte körperliche Aktivität[23]

16 Report of the World Commission on Environment and Development (1987): Our Common Future. http://www.un-documents.net/our-common-future.pdf
17 Umweltbundesamt (2017): Straßenverkehrslärm. Umweltbundesamt, Dessau. https://www.umweltbundesamt.de/themen/verkehr-laerm/verkehrslaerm/strassenverkehrslaerm
18 European Environment Agency (EEA) (2015): Air quality in Europe — 2015 report. Publications Office of the European Union, Luxembourg.
19 WHO (2006): Physical activity and health in Europe: evidence for action. WHO Regional Office for Europe, Copenhagen.
20 Meschik, M. (2012): Reshaping City Traffic Towards Sustainability Why Transport Policy should Favor the Bicycle Instead of Car Traffic. Procedia - Social and Behavioral Sciences 48. S. 495–504.
21 European Commission (2015): Road safety in the European Union.Trends, statistics and main challenges. European Commission, Mobility and Transport DG, Brussels.
22 WHO (2014): 7 million premature deaths annually linked to air pollution. WHO Department of Public Health, Environmental and Social Determinants of Health (PHE). http://www.who.int/mediacentre/news/releases/2014/air-pollution/en/
23 de Hartog, J.J. et al. (2010): Do the Health benefits of cycling outweigh the risks? Environmental Health Perspectives 118. S. 1109–1116.

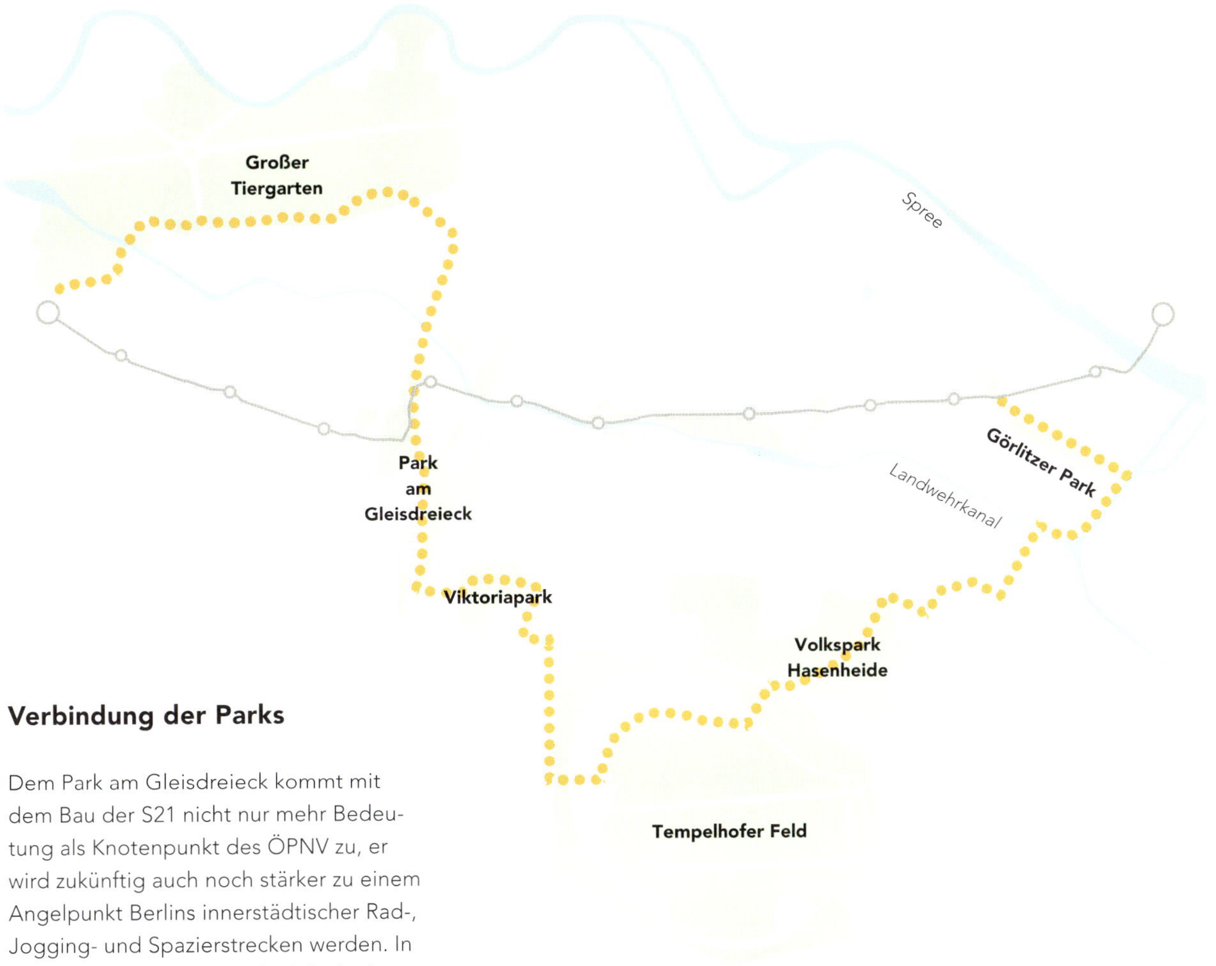

Großer
Tiergarten

Spree

Görlitzer Park

Park
am
Gleisdreieck

Landwehrkanal

Viktoriapark

Volkspark
Hasenheide

Verbindung der Parks

Dem Park am Gleisdreieck kommt mit
dem Bau der S21 nicht nur mehr Bedeutung als Knotenpunkt des ÖPNV zu, er
wird zukünftig auch noch stärker zu einem
Angelpunkt Berlins innerstädtischer Rad-,
Jogging- und Spazierstrecken werden. In
alle Richtungen bieten sich dafür bislang
ungenutzte Potenziale.

Tempelhofer Feld

*Ein wirklich großartiger Vorschlag! Ich fahre diese Strecke selbst sehr oft mit dem Rad und habe
mich tatsächlich seit Jahren geärgert, dass es an dieser Strecke so einfach wäre, einen Radweg
aufzumalen und nicht von den Autos erdrückt zu werden. Diese Idee ist natürlich noch viel besser
und spektakulärer. Sie wäre ein großer Gewinn.*

Leonard Grosch, Atelier Loidl, Landschaftsarchitekt Park am Gleisdreieck

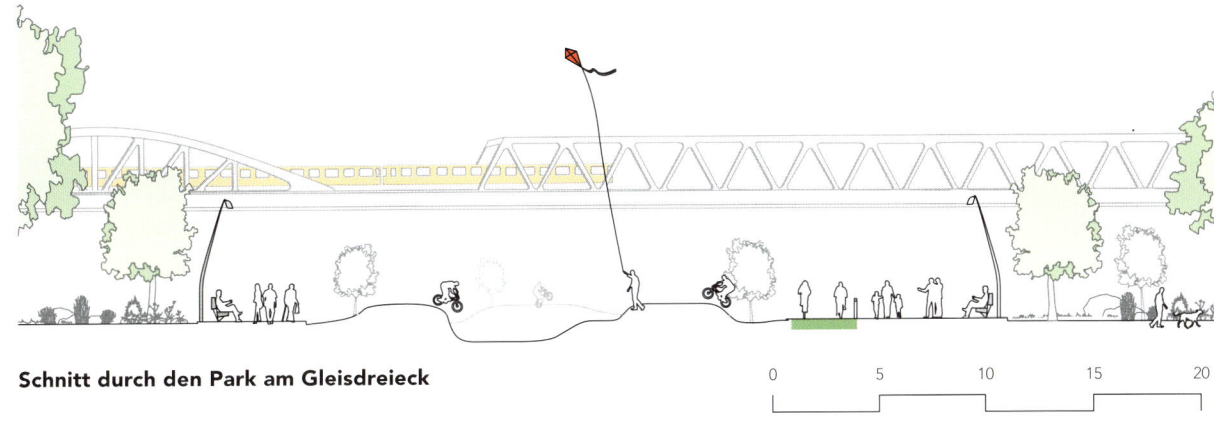

Schnitt durch den Park am Gleisdreieck

0   5   10   15   20

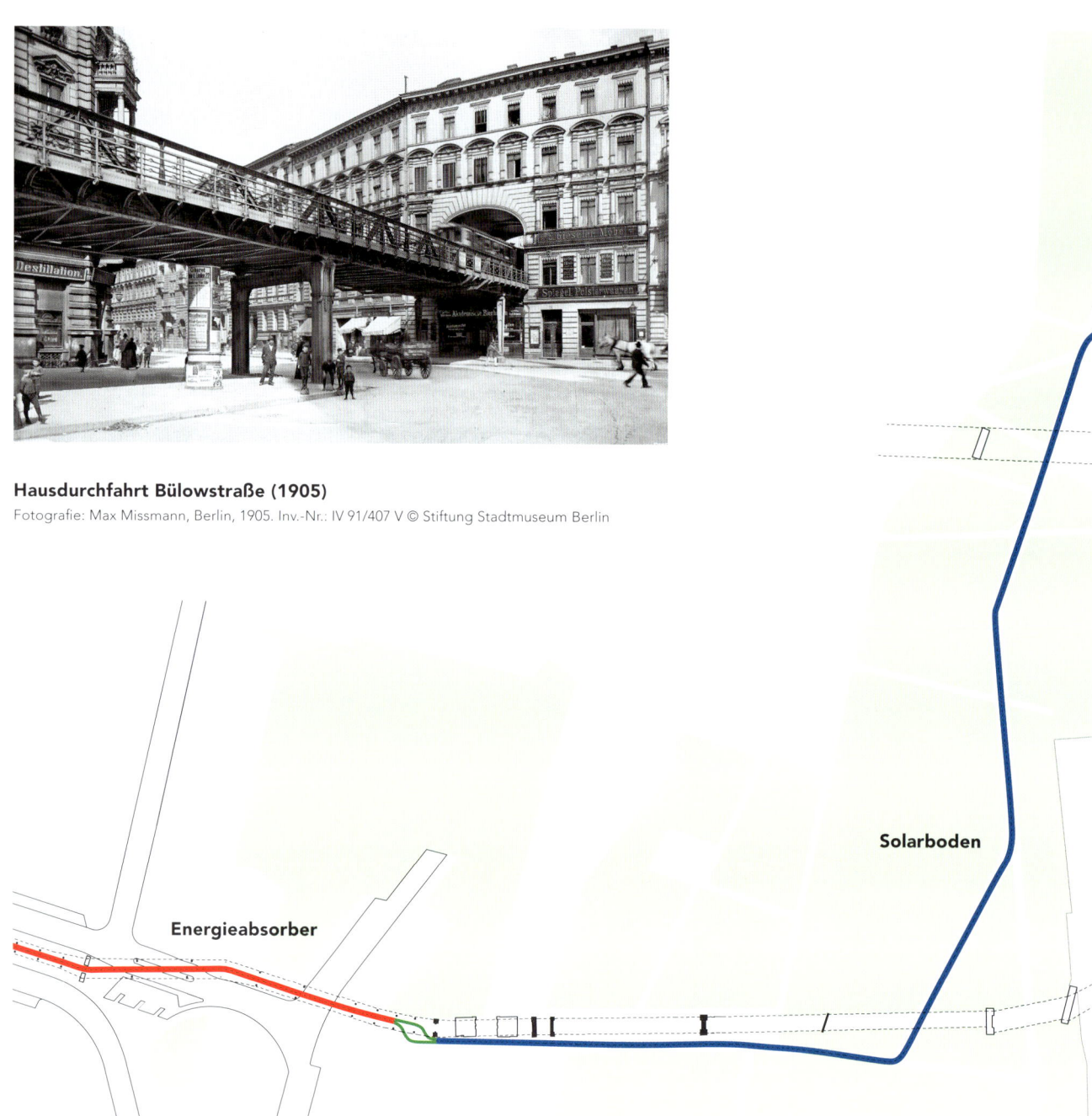

Hausdurchfahrt Bülowstraße (1905)

Fotografie: Max Missmann, Berlin, 1905. Inv.-Nr.: IV 91/407 V © Stiftung Stadtmuseum Berlin

Solarboden

Energieabsorber

Straßenbelag und Radbahn als Energielieferant

Innovation und Energie

Die Radbahn bietet ideale Voraussetzungen für neue, innovative Infrastruktur und fungiert damit als Berliner Labor, um Investitionen auf ihre Wirksamkeit und Amortisation auch für andere Radwege testen zu können.

Ein Ziel ist es, die Strecke in Zusammenhang mit der Produktion erneuerbarer Energie zu denken, um sowohl die benötigte Streckenbeleuchtung und Lichtsignalanlagen als auch mögliche E-Ladestationen für Autos und Fahrräder mit Strom zu versorgen. Dafür könnten vor allem zwei Quellen dienen: kinetische Energie und Solarenergie. Die erzeugte Energie würde ins Netz eingespeist werden und könnte somit die Energienachfrage der Radbahn zu einem gewissen Anteil decken.

Kinetik

Um die kinetische Energie von fahrenden Autos zu nutzen, bieten sich bestimmte Orte an. Dies wurde bereits in verschiedenen Städten weltweit getestet und einige Unternehmen waren oder sind immer noch auf diesem Feld aktiv. Nach wissenschaftlichen Untersuchungen generiert ein Auto über 0,5 kW Energie, wenn es über die kinetische Schwelle fährt.[24] Diese Schwellen werden in der Regel an Straßenabschnitten verwendet, an denen Autos aus Gründen der Verkehrsführung sowieso entschleunigen müssen. In unserem Fall würde es sich besonders an Kreuzungen anbieten, an denen Autos die Radbahn überqueren, oder in Bereichen entlang der Radbahn, in denen eine Entschleunigung des Verkehrs die Sicherheit für Fußgänger*innen und Radfahrer*innen erhöht.

Solar

Solarpaneele könnten an bestimmten Stellen des Radweges im Park am Gleisdreieck verbaut werden. Bisherige Untersuchungen und Erfahrungen mit bereits benutzten Solarpaneelen auf Radwegen zeigen ein positives Resultat, auch wenn der Wirkungsgrad klassischer Solarpaneele (beispielsweise auf der grünen Wiese oder auf Hausdächern) aufgrund des fehlenden Neigungswinkels hin zur Sonne und des geringeren Selbstreinigungseffektes durch Niederschläge nicht ganz erreicht werden kann.

Um Beleuchtung und Lichtsignalanlagen entlang der Radbahn das ganze Jahr über betreiben zu können, müsste man ca. 10.000 kWh Strom produzieren. Dies entspricht genau der Menge, die im niederländischen Krommenie ein auf 70 Metern mit Solarpaneelen bepflasterter Radweg produziert. Eingeweiht wurde er 2014 und die Investitionssumme belief sich auf 3 Millionen Euro. Radfahrer*innen in Krommenie verspürten gegenüber herkömmlichen Straßenbelägen übrigens keine negativen Veränderungen.

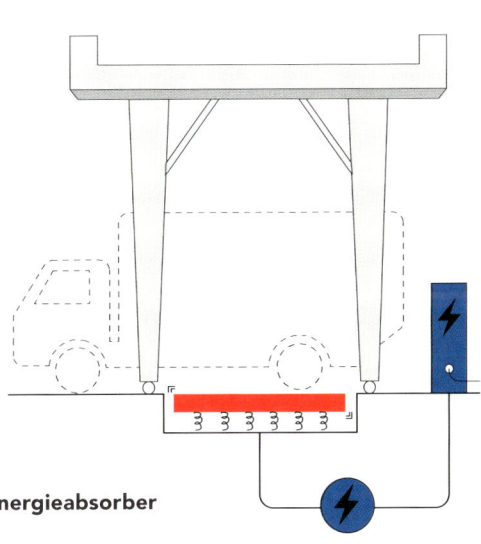

Energieabsorber

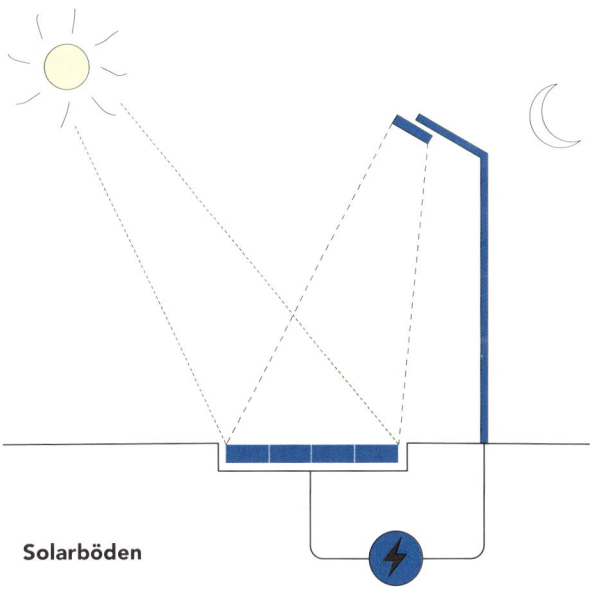

Solarböden

Alternative Routenführung
Landwehrkanal

Die Radbahn führt über den Landwehrkanal, nur wie? In unserer ersten Skizze
von November 2015 hingen wir sie frech
an die Hochbahnbrücke der U1 – eine Visualisierung, die vor allen Dingen symbolhaften
Charakter hatte und sagen sollte: Radinfrastruktur darf auch Geld kosten.

Nun haben wir drei realistische Vorschläge
erarbeitet. An Variante 2, einer eigenen
Radbahn-Brücke, gefällt uns noch immer
der Wahrzeichen-Charakter. Unmittelbar
vor dem Deutschen Technikmuseum würde
sich eine verkehrstechnische Interpreta-
tion des so typischen „jeder nach seiner
Fasson" zeigen – fünf Infrastrukturen
für fünf wichtige Verkehrsträger: die
Anhalter-Brücke für Fußgänger*innen, die
Radbahn-Brücke für Radfahrer*innen, die
Hochbahnbrücke für den ÖPNV, die
Möckernbrücke für Autos und unter all den
Brücken der Kanal für den Schiffsverkehr.

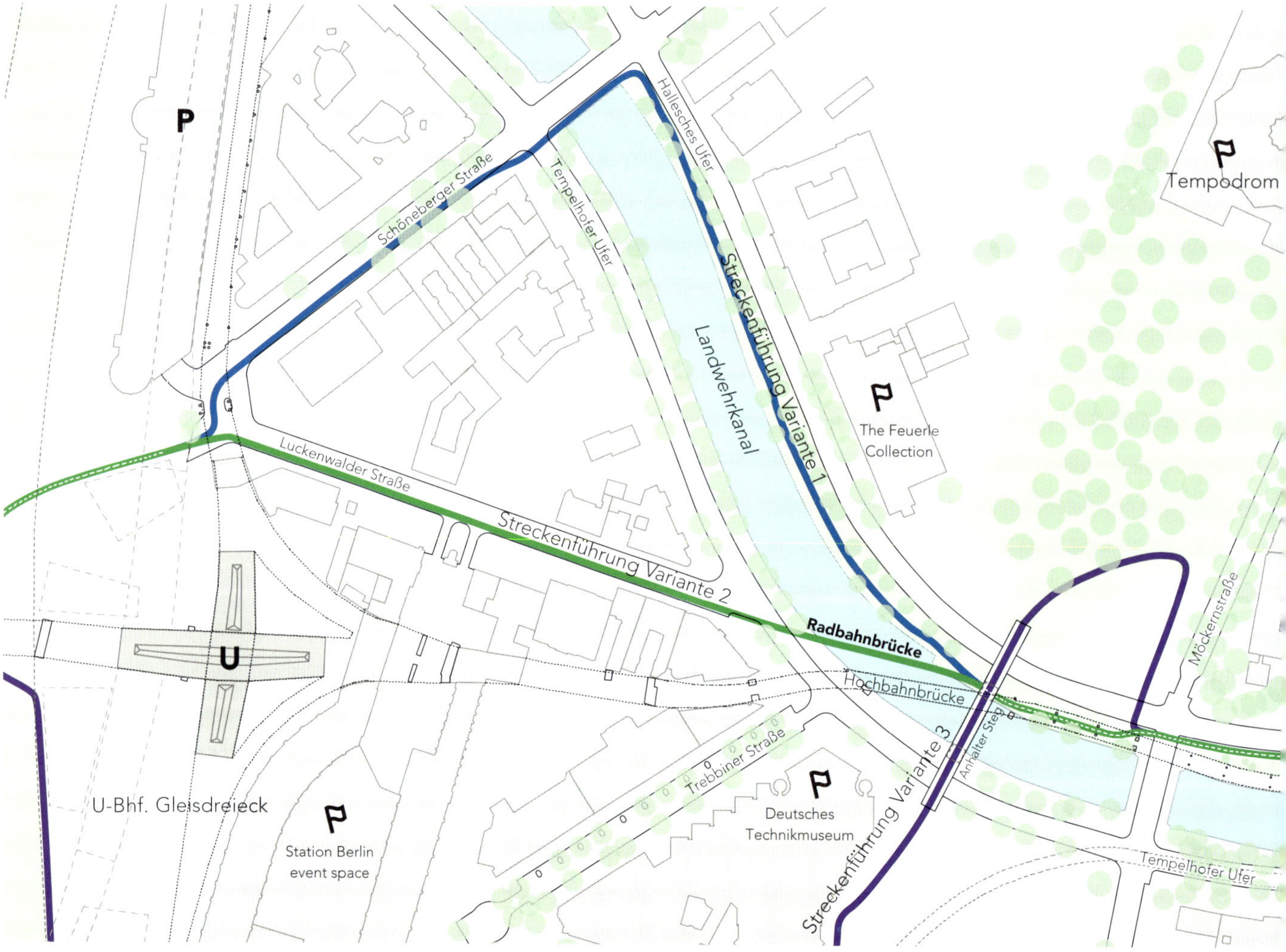

Varianten der Radbahn-Route über den Kanal

Variante 1: Nordroute

Sie führt via Schöneberger Straße und Brücke am Halleschen Ufer entlang.

+ Keine großen finanziellen Investitionen notwendig
+ Die Route entlang des Halleschen Ufers könnte verlängert werden bis U-Bahnhof Mendelssohn-Bartholdy-Park, womit die Radverbindung zum Potsdamer Platz gegeben wäre
− Der Charakter der Radbahn würde unterbrochen werden, da sie die Hochbahn für einen Moment verlässt

Variante 2: Eine eigene Radbrücke

Über die Luckenwalder Straße erreicht die Strecke die Radbahn-Brücke – ein neues Symbol für Berlins Verkehrswende.

+ Direkt und kreuzungsfrei
+ Wahrzeichen einer modernen und fahrradfreundlichen Stadt
− Größere finanzielle Investition

Variante 3: Die Südroute

Die Radbahn führt noch länger durch den Park, an der Rückseite des Technik-museums entlang und schließlich über die Anhalter-Brücke.

+ Keine großen finanziellen Investitionen notwendig
− Umweg recht groß
− Überquert die dreispurige B96 – Beeinträchtigung des Verkehrsflusses der Radbahn sowie der B96 durch häufigere Nutzung der existierenden Fußgängerampel

Am Wasser

Mit den Jogger*innen auf gleicher Höhe fahren und davon träumen, dass Kreuzberg am Meer liegt

Die Radbahn verläuft entlang des Landwehrkanals, dessen Potenzial bislang nicht erschlossen ist. Durch fehlende Zugänge und Sichtachsen zum Wasser verschwindet die Wasserlage an dieser Stelle leicht aus dem Bewusstsein. Wir machen einen Vorschlag, wie man die Qualität des Ortes deutlich aufwerten könnte. Vor dem Hintergrund, dass in diesem Gebiet in den kommenden Jahren viele neue Wohnungen und Büroflächen entstehen sollen, ist die Diskussion über attraktive Treffpunkte für Naherholung besonders aktuell und sinnvoll.

Zudem sehen wir in diesem Abschnitt das Potenzial zu einem grünen Logistik-Umschlagplatz, der den emissionsreichen Lkw-Zulieferverkehr im politischen und wirtschaftlichen Zentrum der Hauptstadt verringern könnte.

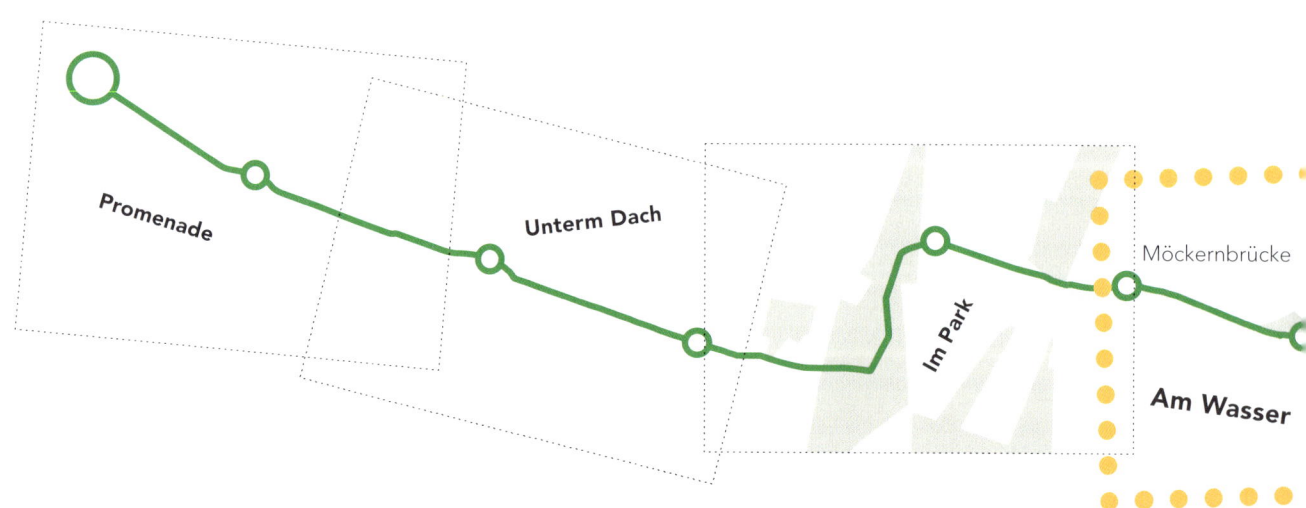

Promenade

Unterm Dach

Im Park

Möckernbrücke

Am Wasser

Hallesches Tor
Nadelöhr
Hotspot
Spreeluft

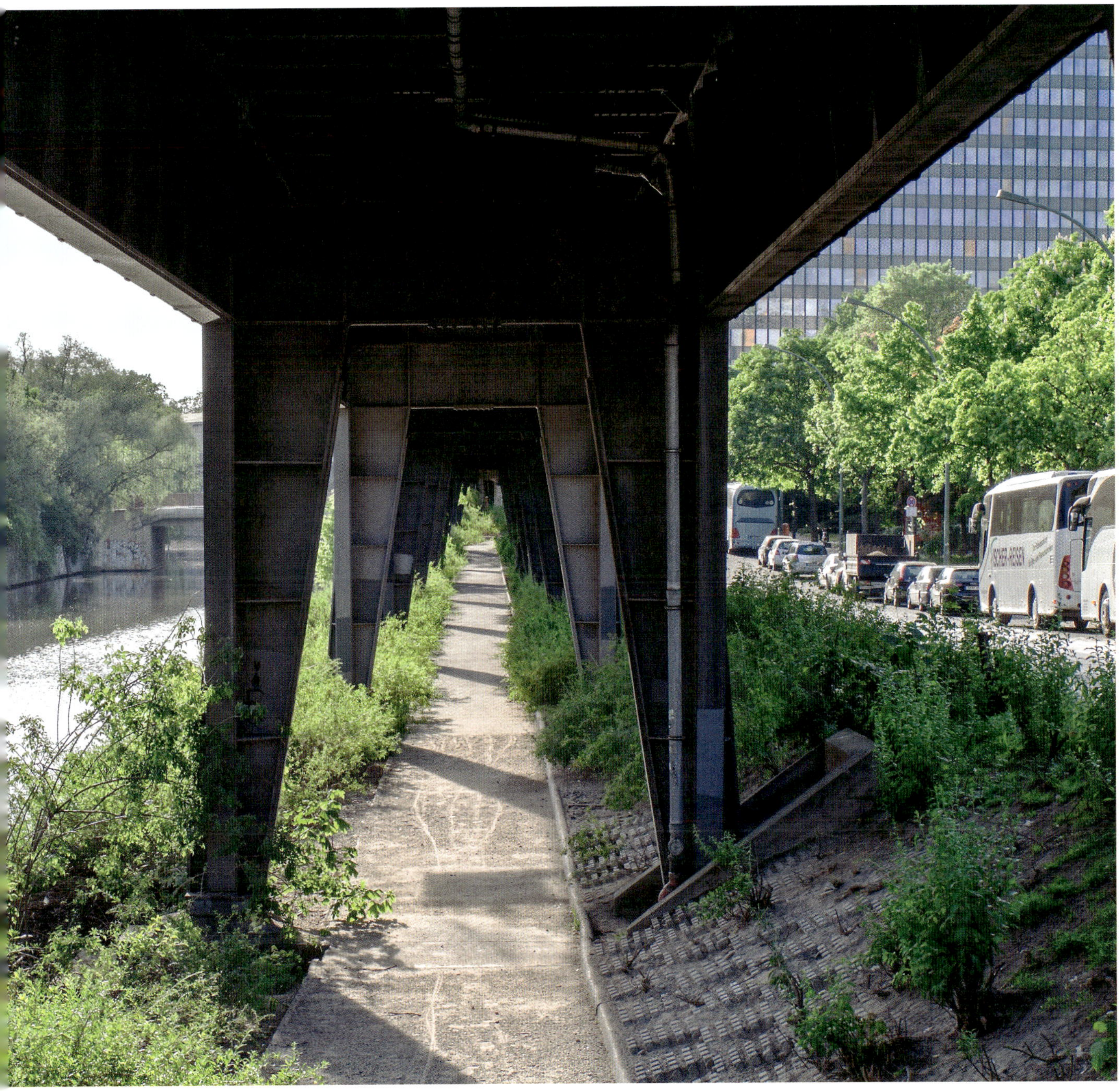

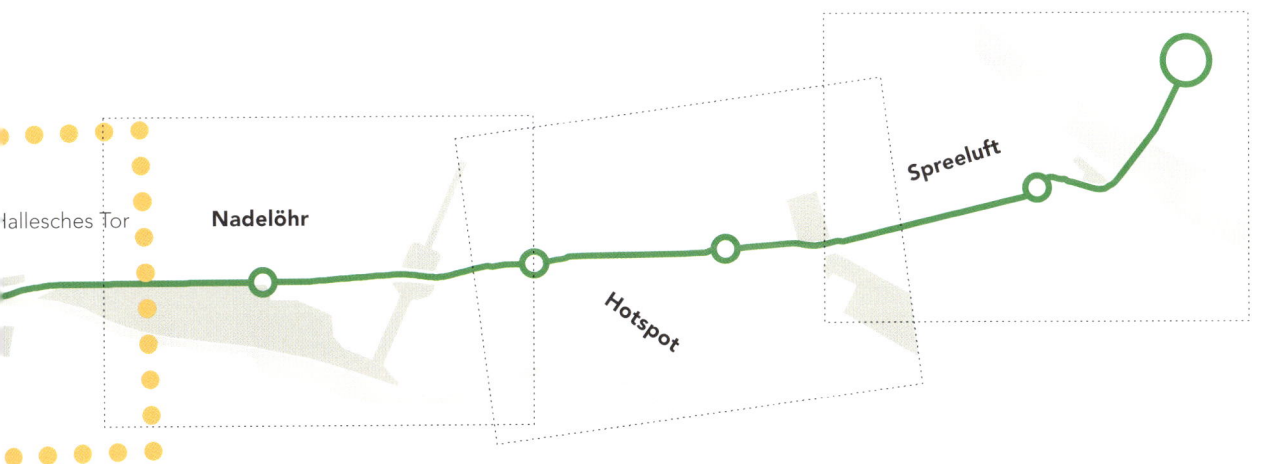

Die Route am Wasser

Tempodrom

Möckernstraße

Mobile Gastronomie →

U-Bhf. Möckernbrücke

Quartiersentwicklung
500 Wohnungen
20,000 m² Gewerbe
520 Stellplätze

Großbeerenstraße

Wilhelmstraße

HAU 1

Stresemannstraße

HAU 2

Möckernstrand →

Tempelhofer Ufer

Verlauf U7

Seite 75

Wiederbelebung des Ufers

Landwehrkanal

Seite 80

HAU 3

Rund 1.000 Meter verläuft die Radbahn am Landwehrkanal,
wobei wir in diesem Abschnitt den Fußgänger*innen den Raum
unter der Hochbahn und direkt am Wasser überlassen und die
Radfahrenden auf Höhe der Straße, jedoch separiert radeln
lassen.

An den U1-Bahnhöfen Möckernbrücke und Hallesches Tor führt
die Radbahn parallel zur Straße nördlich vorbei und mündet
schließlich in die Gitschiner Straße.

N

| 0 | 50 | 100 | 150 | 200 |

Kreuzungstypologie (s. S. 55)			B-A			B-
Verlauf der Radbahn	nördlich des Bahnhofs		neben den Stützen		neben der Treppe	au
Durchgangsbreite		3.00	2.85	1.50	2.90	2.90	6.45

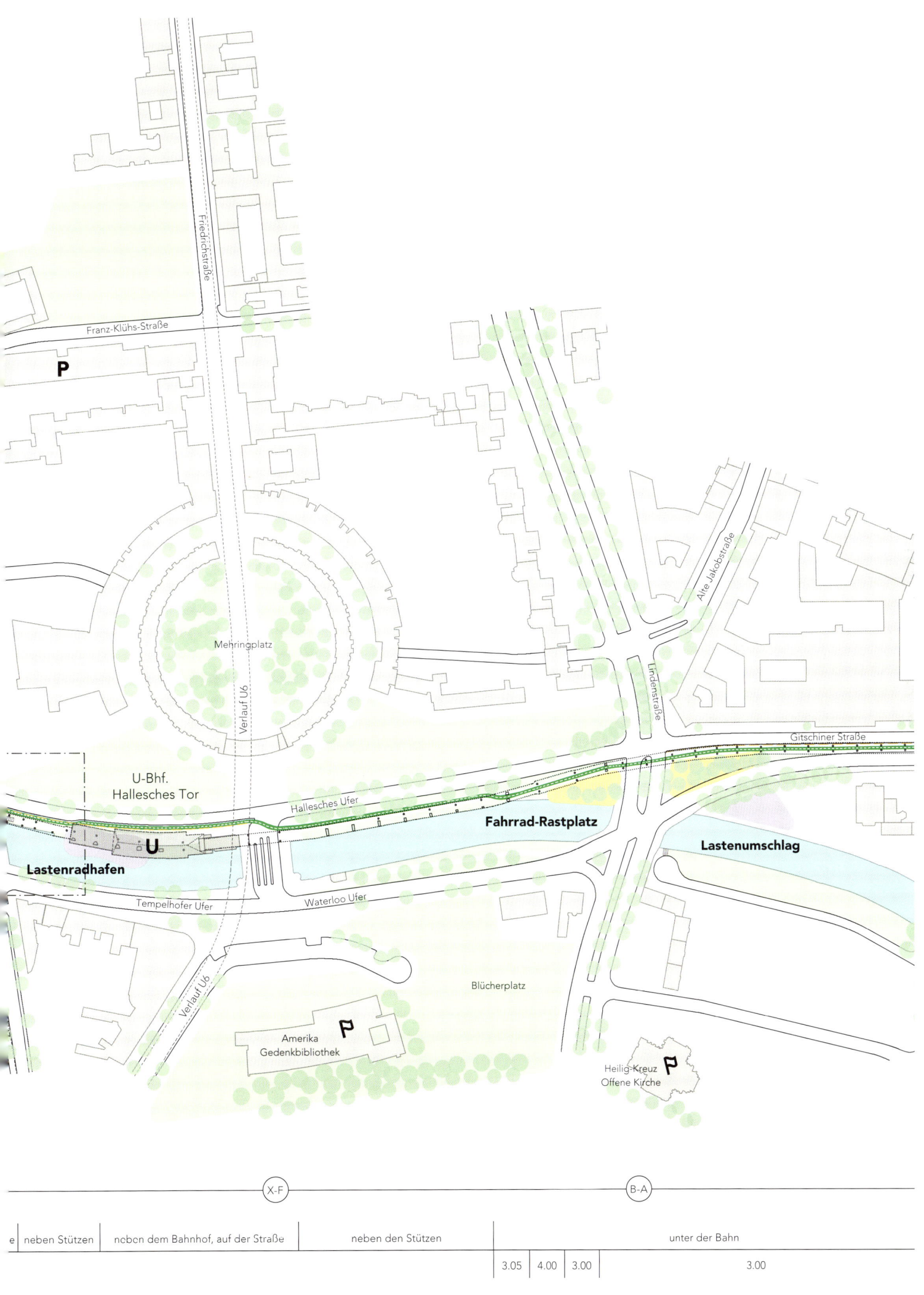

P

Friedrichstraße

Franz-Klühs-Straße

Alte Jakobstraße

Lindenstraße

Gitschiner Straße

Mehringplatz

Verlauf U6

U-Bhf.
Hallesches Tor

Hallesches Ufer

Fahrrad-Rastplatz

U

Lastenradhafen

Lastenumschlag

Tempelhofer Ufer

Waterloo Ufer

Verlauf U6

Blücherplatz

Amerika
Gedenkbibliothek

P

Heilig-Kreuz
Offene Kirche

P

		X-F			B-A	
e	neben Stützen	neben dem Bahnhof, auf der Straße		neben den Stützen	unter der Bahn	
		3.05	4.00	3.00	3.00	

Die Wiederentdeckung des Wassers

Historische Bilder belegen die wirtschaftliche Bedeutung des Landwehrkanals für die Güter- und Baustoffanlieferung. Die Anbindung des Raums unter der Bahn an das Wasser ist im Laufe der Zeit verloren gegangen und vorhandene Wasserlagen sind, wie auch an vielen anderen Stellen in Berlin, aus dem kollektiven Bewusstsein verschwunden. Wir Menschen haben uns allerdings seit jeher an Flussläufen und Meeresbuchten unsere Siedlungen errichtet – der Blick aufs Wasser beruhigt und fasziniert uns zugleich. Es liegt also nahe, diese Qualität mit einer Anbindung an den Kanal wiederherzustellen.

Strandqualität inmitten der Stadt

Zwischen Großbeerenstraße, U-Bahnhof Möckernbrücke und Tempodrom soll in den nächsten Jahren ein neues Quartier mit 500 Wohnungen und 20.000 m^2 Gewerbefläche entstehen. Für die in Zukunft hier wohnenden und arbeitenden Menschen sowie für alle Passant*innen auf der Radbahn und dem wiederbelebten Spazierweg würde der hier entstehende „Möckernstrand" einen neuen Raum für demokratische Naherholung schaffen. In großen Teilen überdacht, bietet dieser Ort eine einzigartige urbane Atmosphäre und hohe Aufenthaltsqualität, insbesondere an heißen Sommertagen sowie bei Regen. Kleine (mobile) gastronomische Angebote könnten hier an verschiedenen Stellen Platz finden und auch eine wettergeschützte und kostenlose Freiluftbühne wäre einfach zu realisieren und würde zum Flair beitragen.

Fotografie: Max Missmann, Berlin, 1905. Inv.-Nr.: SK 01/42 VF © Stiftung Stadtmuseum Berlin

Überlagerung von vier Verkehrsebenen: Die Hochbahn in Ost-West-Richtung, die Anhalter Bahn in Süd-Nord-Richtung, der Straßenverkehr und der Schiff-Lastenverkehr auf dem Land-wehrkanal im Vordergrund (1905)

MÖCKERNBR

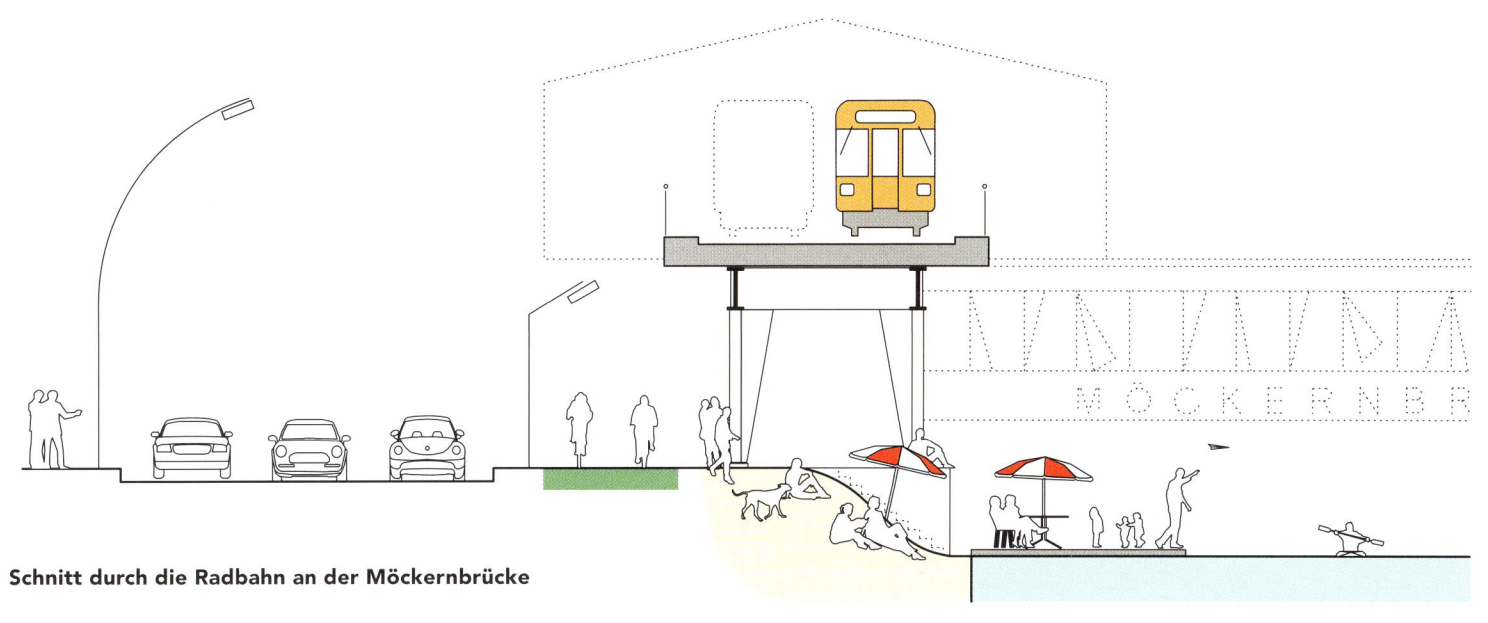

Schnitt durch die Radbahn an der Möckernbrücke

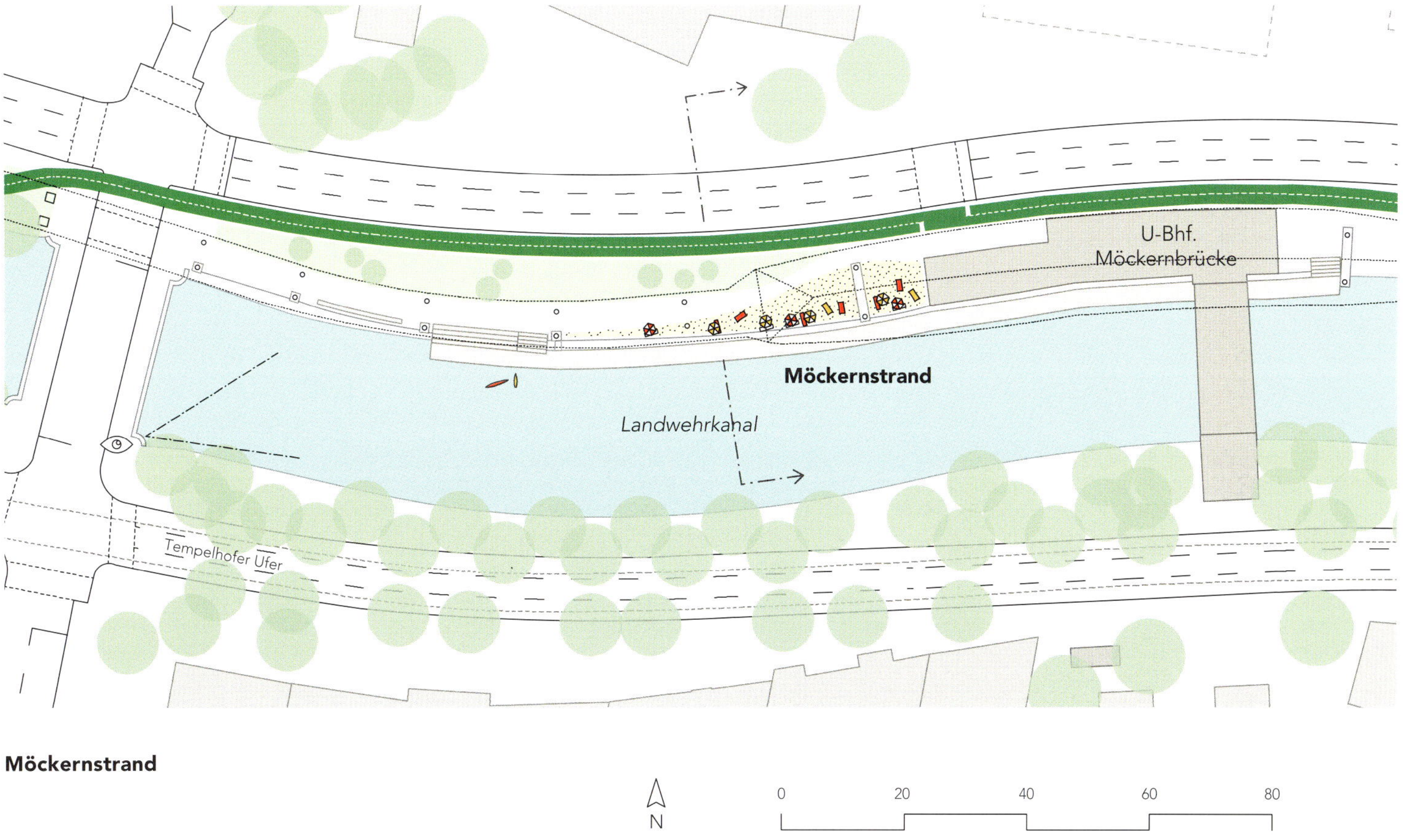

U-Bhf.
Möckernbrücke
Möckernstrand
Landwehrkanal
Tempelhofer Ufer
N
0
20
40
60
80

Möckernstrand

Möckernstrand

Spree

Spree

Schloss
Charlottenburg

Charlottenburg

TU Berlin

Zoologischer
Garten

Einige Abschnitte entlang des Landwehrkanals sind auch heute schon attraktiv, man erreicht sie aber nur umständlich. Mit einigen neuen Straßenübergängen und teilweise neuen Wegen könnten Spaziergänger*innen zukünftig über viele Kilometer durchgängig am Landwehrkanal entlang wandern.

Platz für Fußgänger*innen

Unter den Folgen der autogerechten Stadt, wie sie in den 1960er Jahren propagiert wurde, leiden nicht nur Radfahrer*innen, sondern auch Fußgänger*innen. Der derzeit bereits an vielen Stellen existierende Spazierweg nördlich des Landwehrkanals wird zu oft von kreuzenden Straßen ohne Fußgängerüberweg unterbrochen, als dass Spaziergänger*innen und Jogger*innen diese Strecke nutzen könnten. Parallel zur Radbahn sehen wir deshalb das Potenzial, den Spazierweg wieder zu beleben. Ziel der Stadtplanung sollte es sein, den Uferweg bis nach Charlottenburg zu führen. An diesem Abschnitt legen wir den Grundstein dafür. Fußgänger*innen erhalten den attraktiveren Weg direkt am Ufer und die Radfahrer*innen ziehen an die Straße heran.

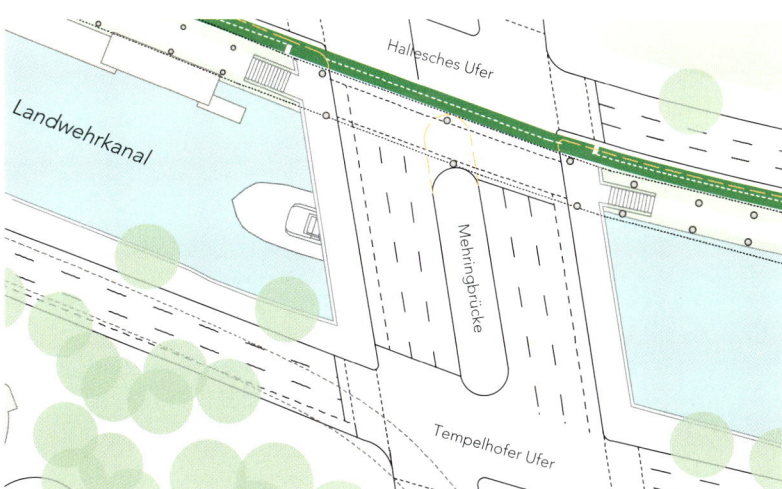

Auf der Folgeseite wird eine Kreuzung am Kanal im Detail untersucht – wie lassen sich Radbahn und Fußgängerfurt implementieren?

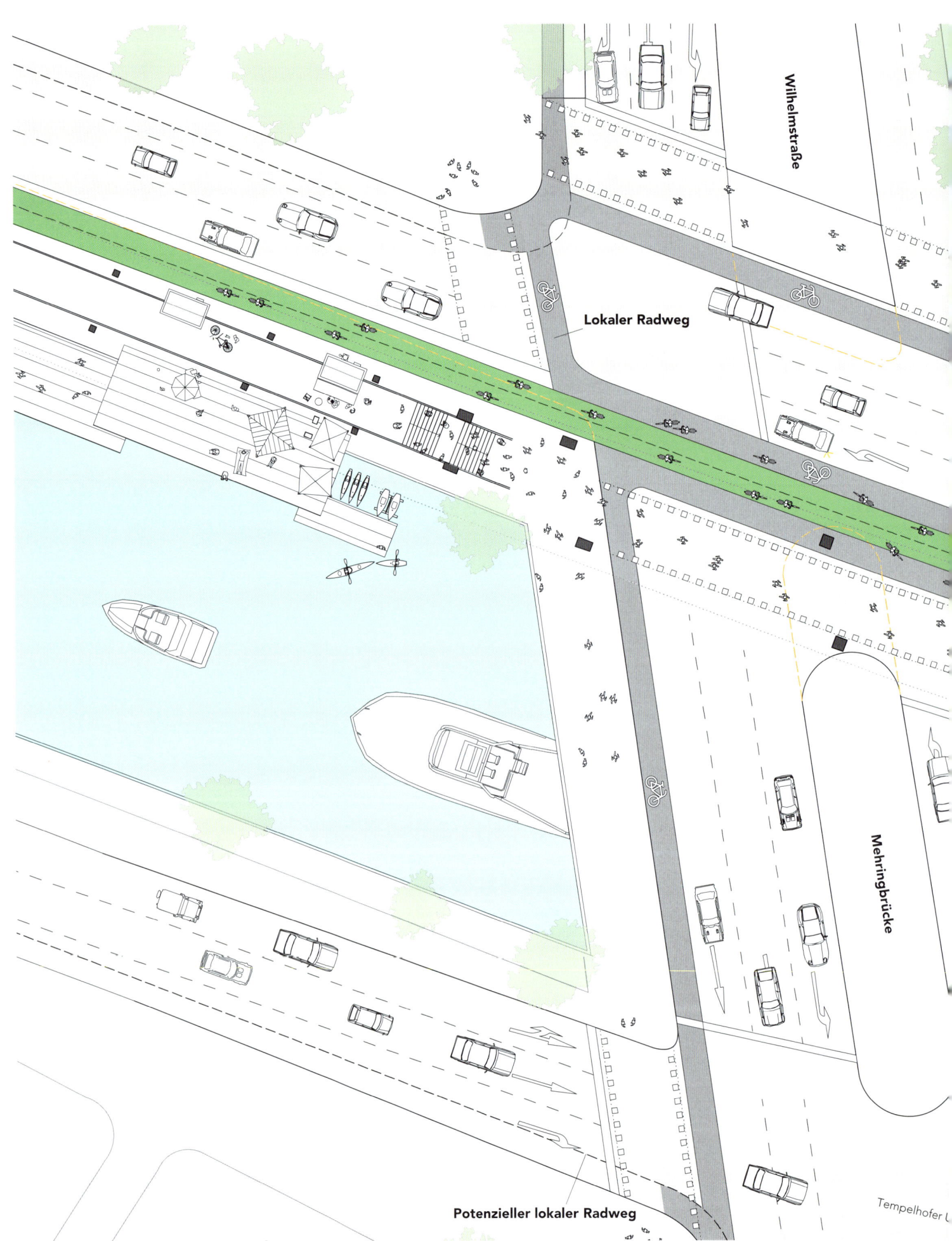

Wilhelmstraße

Lokaler Radweg

Mehringbrücke

Tempelhofer U

Potenzieller lokaler Radweg

Kreuzung Mehringdamm: Integration Fuß-, Rad- und Autoverkehr

Brückenkreuzung Mehringdamm

Die Radbahn ersetzt nicht die Radverkehrsführung an Kreuzungen, sondern ergänzt sie für die durchgehenden Verkehrsströme. Deshalb ist eine Eingliederung auch in Spezialfällen wie an aufgeweiteten Knotenpunkten mit Brücke zwischen zwei Fahrdämmen kein Problem.

Die Radbahn wird einfach wie eine Straßenbahn parallel der Kfz-Hauptrichtung in den Ampelprogrammen mit berücksichtigt. Da die B96 von Süden kommend via Mehringdamm in Richtung Westen auf das Hallesche Ufer verschwenkt, ist zu bestimmten Stoßzeiten von hoher Verkehrsstärke auszugehen. In diesem Falle ist ist eine Sonderphase notwendig.

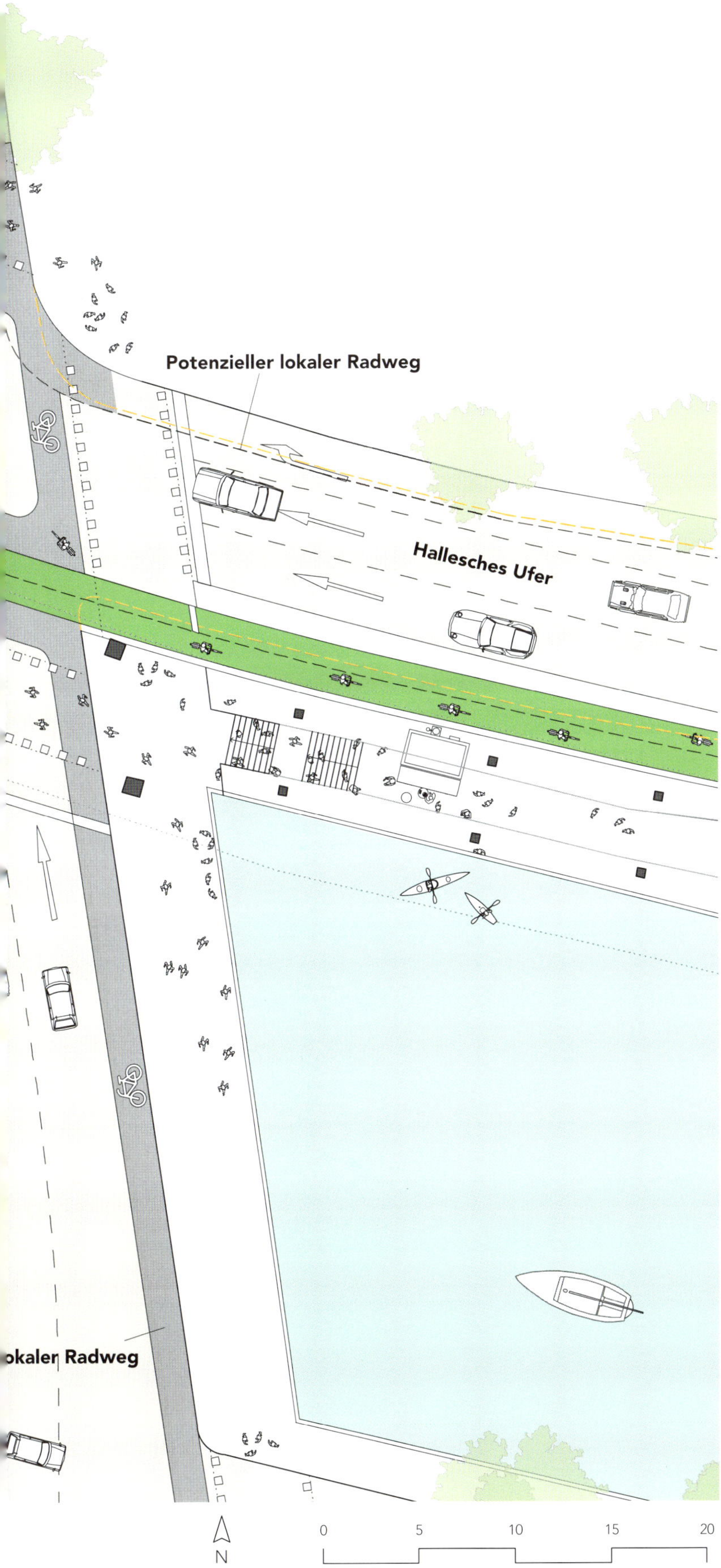

Potenzieller lokaler Radweg

Hallesches Ufer

okaler Radweg

N

0   5   10   15   20

Potenzial 4 – Sauberer Wirtschaftsverkehr

Der städtische Wirtschaftsverkehr wächst! Neben der Versorgung des Handels und der Gewerbe mit Waren und Rohstoffen, der städtischen Entsorgung sowie der Mobilität von Dienstleistern nimmt insbesondere der Anteil an Paketzustellungen an Privathaushalte rasant zu. Verantwortlich dafür ist die große Lust am Online-Shopping (E-Commerce), und eine zukünftige Stagnation ist bislang nicht abzusehen, da inzwischen auch zeitkritische Waren wie Lebensmittel online bestellt und am gleichen Tag ausgeliefert werden. Heute verursacht der Wirtschaftsverkehr bereits einen hohen Anteil der CO_2-Emissionen im Straßenverkehr und besonders der innerstädtische Lkw-Verkehr trägt einen Großteil zur Schadstoff- und Lärmbelastung bei. Zudem kommt es bei der Nutzung verkehrlicher Infrastruktur besonders bei Be- und Entladevorgängen zu Nutzungskonflikten mit anderen Verkehrsarten, was ein klares Spannungsfeld im Straßenraum erzeugt: Das Parken von Lieferfahrzeugen in zweiter Reihe, sowie die Häufigkeit und Schwere von Unfällen zwischen Lkw, Fahrrädern und Fußgänger*innen sind hier hervorzuheben.

Um den Lieferverkehr der Zukunft umweltverträglicher, klimafreundlicher und effizienter zu gestalten, sind tragfähige Lösungen gefordert. Besonders für die letzte Meile des Lieferverkehrs – der innerstädtische Liefer- und Abholverkehr im Bereich der Endkundenbelieferung bzw. einfacher gesagt der Transport vom Verteilerpunkt des Kurier-Express-Paket-Dienstleisters zur Haustür – könnte die Nutzung von Lastenrädern zukünftig ein zentraler Baustein sein. Nach einer Studie des Deutschen Zentrums für Luft- und Raumfahrt (DLR) könnten im Wirtschaftsverkehr in Deutschland 23 Prozent der Fahrten auf Transportfahrräder verlagert werden.[25]

Nach einer weiteren Studie des von der Europäischen Union geförderten „Cyclelogistics"-Projekts können 51 Prozent aller motorisierten Gütertransporte (privat oder wirtschaftlich) bis 200 Kilogramm mit einem Transportvolumen von bis zu einem Kubikmeter in einem Radius von sieben Kilometern mit Fahrrädern und Lastenrädern bewältigt werden.[26] Dies ist insbesondere vor dem Hintergrund des Trends hin zu kleineren Sendungsmengen interessant: durch das Überspringen von herkömmlichen Transportketten (direkte Lieferung von Produzenten zu Kund*innen) werden zukünftig noch mehr kleine Pakete geschnürt werden.[27]

Ein Lastenrad macht dabei für den Lieferverkehr und dienstliche Fahrten (z.B. Installateure und Handwerker), aber besonders auch für private Haushalte und Einkaufsfahrten Sinn. In Kopenhagen beispielsweise fahren etwa 40.000 Lastenräder (68 pro 1.000 Einwohner*innen) durch die Stadt. Davon profitieren nicht nur das städtische Verkehrssystem und die Umwelt, sondern auch jede beteiligte Person und Unternehmung rein wirtschaftlich. Neben einem geringeren Kaufpreis im Vergleich zum Auto verursacht ein Lastenrad auch wesentlich geringere Vollkosten pro Monat (351 € vs. 58 €).[28]

Zudem stellt der Lastenradlieferverkehr einen großen Zeitgewinn dar. Durch eine direktere Routenführung und den Wegfall der Parkplatzsuche sind Lieferungen schneller und somit kostengünstiger zu erbringen. Und der positive Imagegewinn des Dienstleisters kommt noch hinzu.

23 %

der Fahrten im Wirtschaftsverkehr könnten langfristig mit Transportfahrrädern abgewickelt werden[25]

Blick Richtung Friedrichstraße

25 Gruber, J., Rudolph C. (2016): Untersuchung des Einsatzes von Fahrrädern im Wirtschaftsverkehr (WIV-RAD) (Schlussbericht). Deutsche Zentrum für Luft- und Raumfahrt e.V. (DLR) / Bundesministerium für Verkehr und digitale Infrastruktur (BMVI).
26 Wrighton, S. (2014): CycleLogistics final public report. http://cyclelogistics.eu/docs/111/D6_9_FPR_Cyclelogistics_print_single_pages_final.pdf
27 Wittenbrink, P. (2014): Transportmanagement: Kostenoptimierung, Green Logistics und Herausforderungen an der Schnittstelle Rampe. Springer Gabler, Wiesbaden.
28 VCÖ (2017): In tragender Rolle – Transportfahrräder kommen. VCÖ Magazin – Mobilität mit Zukunft.

Entwicklung am Halleschen Tor

Die Gegend um den Mehringplatz zwischen Halleschem Tor und Friedrichstraße ist als sozialer Brennpunkt stigmatisiert. Gleichzeitig birgt ihre innerstädtische geografische Lage enorme Potenziale für die lokale Wirtschaft. Als Mittelpunkt der Radbahn käme dem Ort mehr Bedeutung zu, denn er hat das Potenzial, den relativ weiten öffentlichen Raum zu beleben und einen Impuls zu einer wirtschaftlichen Entwicklung zu geben. Der lokale Einzelhandel würde gestärkt und mit einem Lastenrad-Hafen (wie auf der folgenden Doppelseite beschrieben) könnten auch einige Anwohner*innen durch mögliche neue Arbeitsplätze in ihrem unmittelbaren Umfeld profitieren.

Es scheint, als würde der Polytheismus der Radler den Monotheismus des Erdöls zu Fall bringen können, so sinngemäß der französische Ethnologe Marc Augé. Die Berliner Radbahn wird uns in diesem Sinne wieder ein weiteres Stück voran in eine postfossile Zukunft führen und zur Verbesserung der städtischen Lebensqualilität beitragen. Die Stadt als kulturelles und ökonomisches Laboratorium lebt von der Qualität ihrer öffentlichen Räume. Je weniger diese durch die Zumutungen des fossilen Verkehrs zerstört werden, desto besser kann die Bürgergesellschaft gedeihen.

Prof. Dr. Stephan Rammler, Experte für Mobilitäts- und Zukunftsforschung

Genau dafür steht unsere Stadt: Die Radbahn Berlin ist eine innovative Idee von kreativen Köpfen. Die Teststrecke kann immer neue Ideen erzeugen, die weit über das eigentliche Radfahren hinausgehen und damit zum Aushängeschild für einen smarten Wirtschaftsstandort Berlin werden. Und es gibt noch tolle Nebeneffekte: Mit der Radbahn schaffen wir auf der Straße mehr Raum für den Lieferverkehr, entflechten Rad und Auto und machen das Radeln so sicherer.

Jan Eder, Hauptgeschäftsführer der Industrie- und Handelskammer (IHK) Berlin

Lastenrad-Hafen am Halleschen Tor

Ein Ziel von Berlins rot-rot-grüner Regierung ist es, das historische Zentrum attraktiv und fußgängerfreundlich umzugestalten und den motorisierten Individualverkehr zunehmend zurückzudrängen. Da zwischen Tiergarten und Alexanderplatz, Spree und Landwehrkanal aber unzählige politische und wirtschaftliche Repräsentanzen residieren, wird der Lieferverkehr weiterhin massiv auf den Straßen vertreten sein, sofern nicht neue Alternativen etabliert werden. Eine Lösung, die diskutiert wird, ist die Nutzung des U- oder S-Bahn-Netzes zu Nachtzeiten, wenn der Personenverkehr für einige Stunden eingestellt wird. Eine weitere Strategie könnte sein, die zahlreichen Kanäle in der Stadt wieder für den Güterverkehr zu nutzen. Mit der Skizze eines Logistik-Umschlagplatzes in der Nähe des Halleschen Tors wollen wir die Diskussion erweitern.

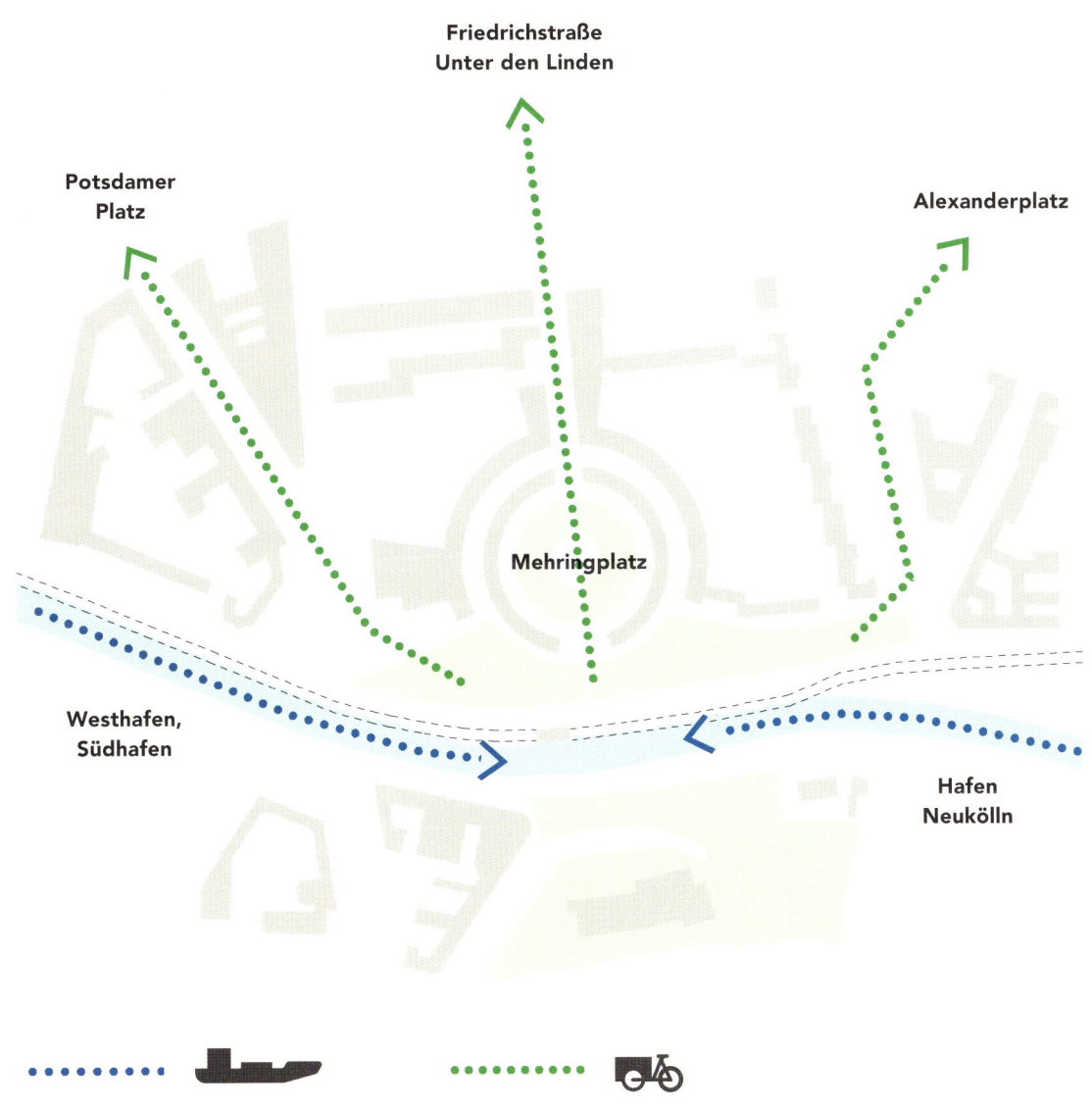

An den großen Häfen und Logistikzentren an Berlins Stadtrand werden E-Transportschiffe mit XS-Containern beladen. Am Lastenrad-Hafen Hallesches Tor nehmen Kuriere die kleinen Container auf ihr Rad und verteilen die Waren im politischen und wirtschaftlichen Zentrum der Hauptstadt.

Nadelöhr

Umparken und Anpflanzen

Der Verkehr ist dicht, die Straße wirkt an dieser Stelle vergleichsweise eng und für Kreuzberger Verhältnisse bietet die Gitschiner Straße kaum Abwechslung für das Auge. Dennoch müssen mehrere zehntausend Berliner*innen täglich durch das Nadelöhr – bequem per U1, stockend mit dem Auto oder unter gefährlichen Bedingungen auf dem Fahrrad.

Aktuell wird die Gitschiner Straße mit einem Fahrradstreifen ausgestattet und der Raum unter der Hochbahn zum Kfz-Parkplatz verbreitert – ein Thema, auf das wir natürlich in diesem Kapitel eingehen. Doch wir propagieren nicht nur das Radfahren auf dem Mittelstreifen, sondern beschäftigen uns auch mit dem vermeintlichen Parkraumproblem entlang der Radbahn. Des Weiteren führen wir an, welche Pflanzen für einen grünen Vorhang zur Straße sorgen könnten und wie eine womöglich nach einiger Zeit notwendige Verbreiterung der Radbahn möglich ist.

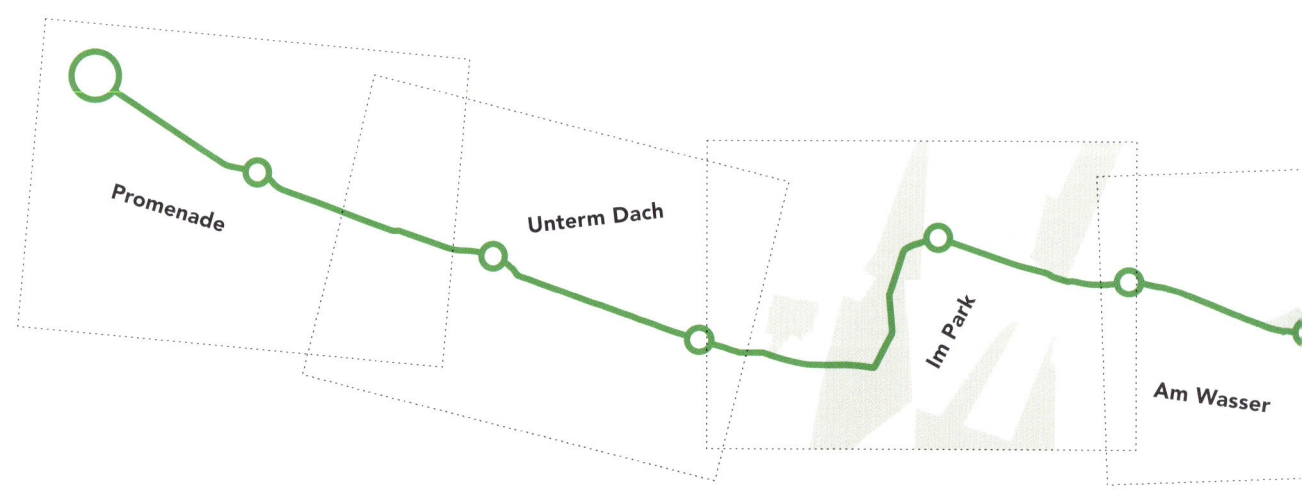

Promenade

Unterm Dach

Im Park

Am Wasser

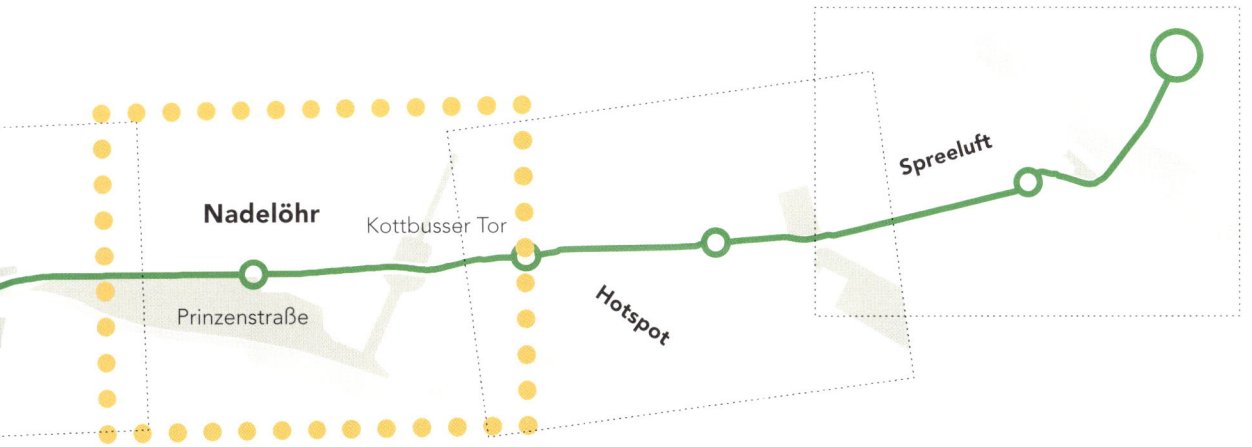

Nadelöhr

Prinzenstraße

Kottbusser Tor

Hotspot

Spreeluft

Kaum verlassen wir den Landwehrkanal, beginnt das Nadelöhr Gitschiner Straße – ihr merkt man noch an, dass durch sie einst die Berliner Stadtmauer verlief. Insbesondere als Radfahrer*in möchte man schnell hindurch und das auch nur, wenn es unbedingt sein muss. Das Prinzenbad bietet keinen Lichtblick, da es von einer Mauer geschützt wird. Einzig am Wassertorplatz öffnet sich eine Sichtachse Richtung Süden und Norden.

Eine Alternativroute für Radfahrer*innen ist nur mit großen Umwegen möglich: im Zickzack auf teils gepflasterten Wohngebietsstraßen im Norden, oder im Süden weiter am Landwehrkanal entlang, um sich dann über den Böcklerpark wieder am Wassertorplatz einzufädeln. Wo die Skalitzer Straße beginnt, ist das Kottbusser Tor nicht mehr weit.

Kreuzungstypologie (s. S. 55)		X			T		X-A
Verlauf der Radbahn				unter der Bahn			
Durchgangsbreite	3.00	3.24		3.00		4.00	2

Die Nadelöhr-Route

Zur aktuellen Situation Gitschiner Straße

Rund 15 Jahre nach dem politischen Beschluss zur Realisierung eines Radstreifens an der Gitschiner Straße sind seit Winter 2016/17 Bauarbeiten im Gang, die 2018 abgeschlossen sein sollen. Doch was wird im Detail derzeit gebaut?

- 1,50 Meter Schutzstreifen für Radfahrende auf dem Straßenbelag (auf dem derzeitigen Parkstreifen)
- Autoparkplätze auf dem dafür verbreiterten Mittelstreifen unter der Hochbahn
- Halteerlaubnis für Autos und Lieferverkehr auf dem Radstreifen

Kritik an der Planung kommt vom ADFC Friedrichshain-Kreuzberg, denn hier sieht man die Gefahr, dass der neu angelegte Radweg „de facto eine Be- und Entladespur" für den motorisierten Verkehr sei und sich ein „Großteil der Menschen auf diesem schmalen Radstreifen nicht sicher fühlen" werden. Der ADFC fordert eine „umgehende Anpassung der Planung" und eine „physische Trennung des Kfz- und Radverkehrs".[30] Dieser Kritik schließen wir uns an.

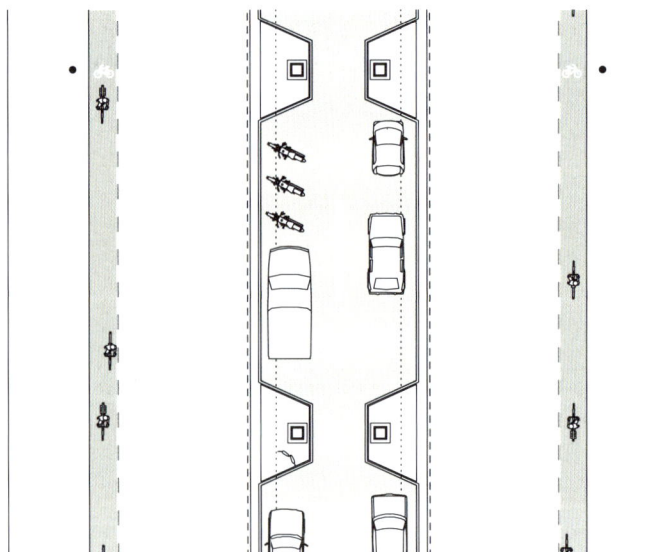

Um Platz für einen seitlichen Schutzstreifen für Fahrräder zu schaffen und um nach Sanierungsarbeiten der Bahn den erforderlichen Mindestabstand zwischen Stützen und Straße zu gewährleisten, wird der Mittelstreifen unter der Bahn aufgeweitet. Der Raum unter der Bahn soll für das Parken von Autos genutzt werden.

Derzeit im Bau

4	1.5	20	1.5	4
Schutzstreifen		**Verbreiterung**		**Schutzstreifen**

In Relation zum Bedarf (siehe Analysen auf den Seiten 126–127) ist der für Radfahrer*innen zur Verfügung gestellte Raum mit 9 Prozent des Straßenraums relativ gering.

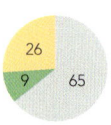

30 ADFC Berlin Friedrichshain-Kreuzberg (2017): Während der Senat das RadGesetz für Berlin verhandelt baut Kreuzberg weiter an der autogerechten Stadt. Pressemitteilung. 12.03.2017. http://adfc-berlin.de/images/Presse/Pressemitteilungen/2017-03-12_pm_xhain_gitschiner.pdf

Als Mitorganisatorin der ersten Fahrrad- Demo in Berlin 1976 bin ich natürlich leicht von der Idee zu begeistern. Es ist noch immer viel zu wenig zur Verbesserung der Fahrradwegeinfrastruktur getan worden. Mir gefällt, dass die Radbahn eine realisierbare Vision ist – diese fehlt Berlin an vielen Stellen. Jetzt braucht es mutige Politiker*innen und Medien, die solchem umwelt- und stadtpolitisch kreativen Projekt genügend Anerkennung und finanzielle Unterstützung geben und sich an Kopenhagen ein Beispiel nehmen.

Eva Quistorp, Mitbegründerin und Aktivistin der deutschen Friedens-, Frauen- und Umweltbewegung, Gründungsmitglied der Grünen und ehemaliges Mitglied des Europäischen Parlaments

Wir wünschen uns den Radweg unter der U1 und unterstützen die Initiative Radbahn. Idealer geht es nicht, vom Schlesischen Tor in die City: Sicher, trocken, eine Flaniermeile für Radfahrende und Fußgänger*innen – ein Aushängeschild der Stadt!

Franziska Schneider, Sprecherin der Gruppe ADFC X-Hain

Hier entsteht eine Fahrbahn für Kraftfahrzeuge mit seitlichen Parkbuchten

Im Bereich des Parks bleibt der Abschnitt frei von Einbauten

Anpassungsfähigkeit für die Zukunft

Mal angenommen, die Radbahn kommt und sie wird die beliebteste Radstrecke Berlins. Zehntausende radeln sie täglich. Was dann? Wir haben Szenarien für Morgen und Übermorgen entworfen – anhand adaptierbarer Varianten in der schmalen Gitschiner Straße. Hier kommt unserem Konzept tatsächlich die Aufweitung des Mittelstreifens entgegen.

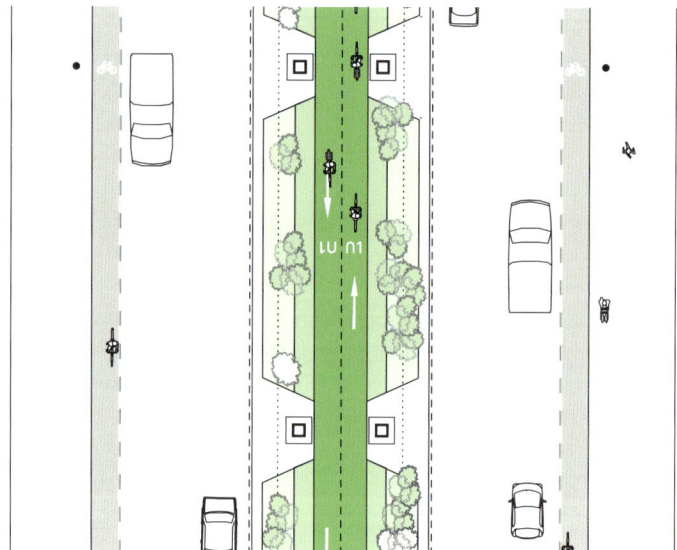

Die derzeit im Bau befindliche Fahrspur für parkplatzsuchende Autos wird einfach zur Radbahn. Die Parkbuchten erhalten viel Grün. Die seitlichen Schutzstreifen für Fahrräder dienen dem lokalen Radverkehr. Parkplätze für Autos werden an anderer Stelle angeboten (siehe Seiten 96–97).

Integration Radbahn

| 4 | 1.5 | 6 | 3 | 6 | 1.5 | 4 |

Die Auswirkung auf die derzeitige Verteilung des Straßenraums ist relativ gering, geht man von einem gut funktionierenden alternativen Konzept für das Parken aus.

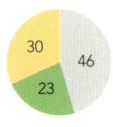

Vorschlag

Bei dieser Variante wird der seitliche schmale Schutzstreifen für lokale Radler*innen zu einem richtigen Radweg mit 2,50 Meter Breite, separiert vom Straßenverkehr. Aus zwei Autospuren wird eine, jedoch mit einer Überbreite von 4,50 Metern. Auch die Fußgänger*innen profitieren.

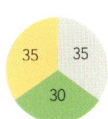

Kurzfristig

| 4.5 | 2.5 | 4.5 | 3 | 4.5 | 2.5 | 4.5 |

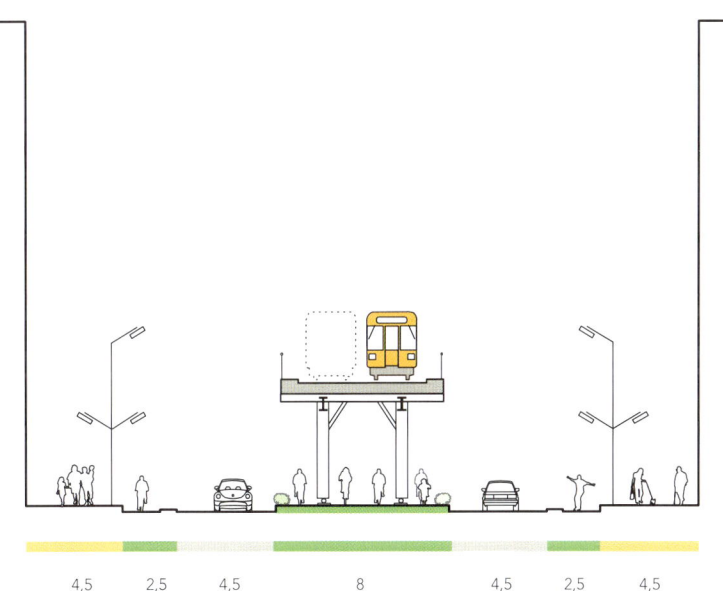

Denken wir in die Zukunft. Eine Vielzahl der Bürger*innen steigt aufgrund wunderbarer Infrastruktur in Berlin aufs Rad. Es könnte eng werden auf der Radbahn, so wird sie, wie es bei Straßen in den 70ern üblich war, ganz einfach auf vier Spuren verbreitert.

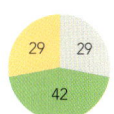

Mittelfristig

| 4,5 | 2,5 | 4,5 | 8 | 4,5 | 2,5 | 4,5 |

Wenn erst komplett selbstfahrende Autos durch Berlin fahren, können diese dann einer Perlenkette ähnlich auf engerem Raum viele Menschen transportieren. Wertvoller Raum für Radfahrer*innen und Fußgänger*innen wird frei.

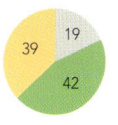

Langfristig

| 6 | 2.5 | 3 | 8 | 3 | 2.5 | 6 |

Der langgestreckte Park

Ausgehend von dem Ziel, mit der Radbahn nachhaltige Mobilität zu fördern und das Radfahren besonders angenehm zu machen, sehen wir auch Bedarf die Luftverschmutzung und Lärmbelästigung durch den motorisierten Verkehr für die Radfahrenden abzumildern und etwas Natur in unsere urbane Radstrecke zu integrieren. Vegetation kann als akustischer und visueller Filter dienen und einen Beitrag zur Verbesserung der lokalen Luft- und Wasserqualität leisten. Außerdem trägt sie zur Abschwächung des „Urban Heat Island"-Effekts bei und kann Lebensräume für Insekten und Kleinstlebewesen schaffen.

Um die Radbahn zu begrünen und den Raum unter der Hochbahn attraktiv zu gestalten, ohne ihn seines alt-industriellen Charmes zu berauben, bieten sich Pflanzen an, die ästhetisch etwas rauer und wilder sind. Sowohl das Anpflanzen als auch die Pflege können partizipativ funktionieren.

Bei alldem dürfen natürlich die Sichtachsen zwischen Radfahrer*innen und Straßenverkehr – insbesondere an Kreuzungen – nicht beeinträchtigt sein.

Beispielsweise eignen sich folgende pflegeleichte und winterharte Pflanzen:

- Chinaschilf ‚Cosmopolitan' (Miscanthus sinensis var. condensatus ‚Cosmopolitan'): Süßgras mit creme-weißem Blattrand und geneigter Blatthorst; Wuchshöhe 180–200 cm

- Großblumiges Johanniskraut (Hypericum ‚Hidcote'): bis 150 cm hoch, blüht goldgelb von Juni bis Oktober

- Blauer Zwerg-Wacholder (Juniperus squamata ‚Blue Star'): hat einen kompakten, langsamen und runden Wuchs; sonniger bis halbschattiger Standort; stahlblaues Nadelkleid

- Dolden-Glockenblume (Campanula lactiflora ‚Loddon Anne'): weiß- bis zart violettrosafarbige Blüten von Juni bis August; Rückschnitt im Herbst, sonst pflegeleicht; bienen- und schmetterlingsfreundlich

- Grüne Heckenberberitze (Berberis thunbergii): aus Japan und China kommendes dichtes, dorniges Heckengewächs, sehr anspruchslos, besonders bei Trockenheit und Frost; blüht im April/Mai und bildet Früchte im Herbst

- Immergrüne Kriech-Heckenkirsche (Lonicera pileata): wird etwa 80–150 cm hoch, dünne Zweige, Laubblätter mit duftenden Blüten und kleinen kugeligen Früchten

- Gewöhnliche Waldrebe (Clematis vitalba): sommergrüner Kletterstrauch (Liane) mit unzähligen kleinen weißen Blüten; bevorzugt frische bis feuchte Standorte; rankt bis zu 10 m hoch (an Kletterhilfen)

- Kletternde Kriechspindel (Euonymus fortunei ‚Vegetus'): ganzjährige üppige, hellgrüne Belaubung mit sehr vielen kleinen rot-leuchtenden Früchten in den Herbstmonaten

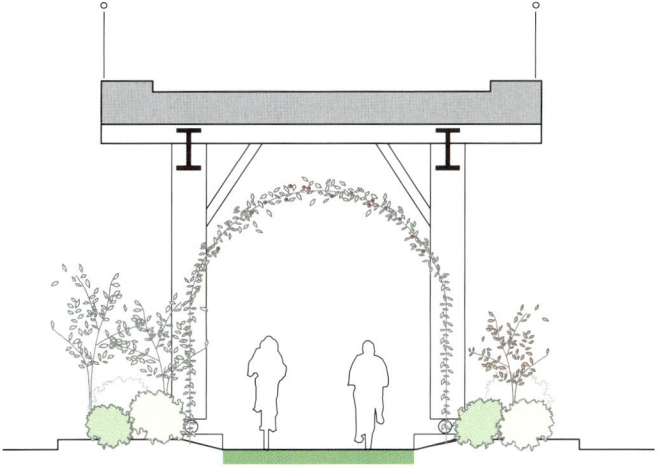

Einem grünen Korridor gleich könnte ausgerechnet das „Nadelöhr" zu einem angenehmen Abschnitt auf der Radbahn werden.

Grüner Vorhang

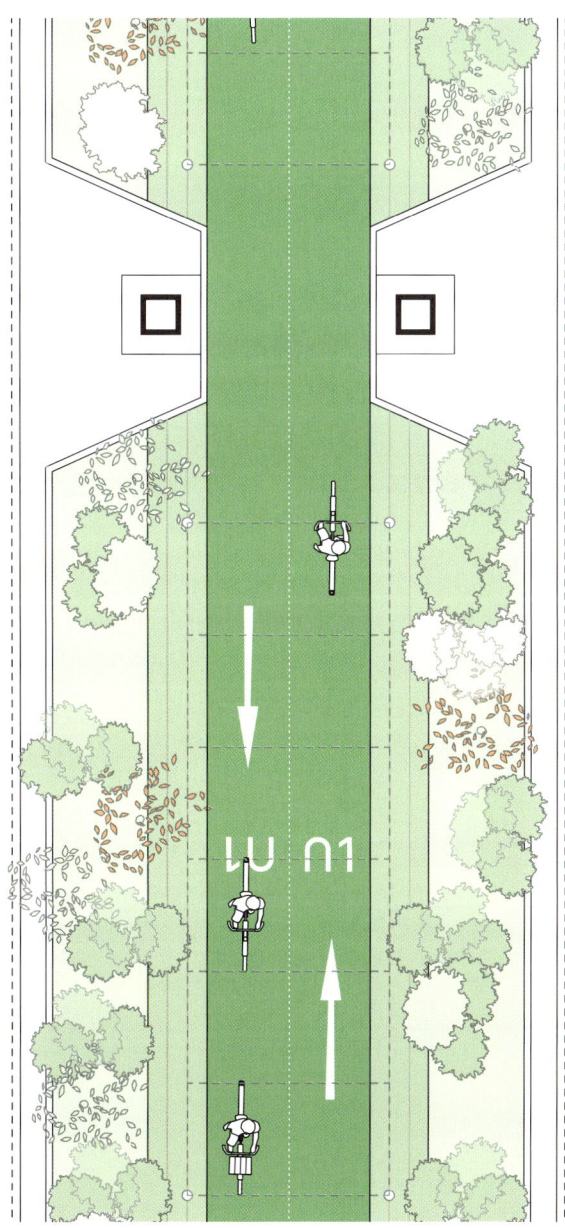

Verschiedene Pflanzen und Büsche, eventuell sogar eine abschnittsweise frei eingestellte, berankte Pergola, sorgen für einen Mikrokosmos, den nicht nur Radfahrer*innen als angenehm empfinden könnten.

Mikrokosmos Radbahn

Schöner parken

Eines der größten Hemmnisse für die Realisierung der Radbahn ist die aktuelle Nutzung des Raums. Mehrere Abschnitte werden für das Parken von privaten Pkw genutzt, zum Teil bietet es der Bezirk den Autohalter*innen auf offiziellen Stellplätzen an, zum Teil wird illegal geparkt. Also wohin mit den Autos?

Die Lösung ist überraschend simpel, denn entlang der Radbahn gibt es mehrere Parkhäuser, die häufig nur zu einem Bruchteil ausgelastet sind. Bereits die in der Grafik eingezeichneten Parkhäuser bieten jederzeit Raum für mehr als 1.000 Autos direkt entlang der Radbahn. Darüber hinaus könnte man auch über Konzepte nachdenken, wie die nachts leer stehenden Parkplätze von Discountern und Supermärkten von Kfz-Halter*innen genutzt werden können. Wenn Langzeit- und Dauerparker in die nahe gelegenen Parkhäuser ziehen würden, wäre mehr Platz für Kurzzeitparker, die eine Besorgung erledigen wollen. Davon würde auch die lokale Wirtschaft profitieren.

Pro & Contra: Parken unter der Hochbahn

+ Möglicherweise Parkplatz vor der Tür, in der Realität aber überwiegend von Langzeitparkern genutzt

− Tendenz zu langer Parkplatzsuche

− Ein- und Ausfahrt gefährlich, da fließender Verkehr

− Gefährliches Überqueren der Straße notwendig

− Kein schöner Anblick

Pro & Contra: Parken in Parkhäusern

+ Detaillierte Anzeige, ob das Parkhaus belegt ist, dadurch geringere Zeit für Parkplatzsuche

+ Wettergeschützte Abstellmöglichkeit

+ Sicher, da videoüberwacht bzw. Überwachung einfach zu realisieren

+ Anliegende Geschäfte profitieren von den von Langzeitparkenden frei gewordenen Parkplätzen am Straßenrand, die dann nur den Kurzzeitparkern (Kunden) sowie dem Lieferverkehr zur Verfügung stehen

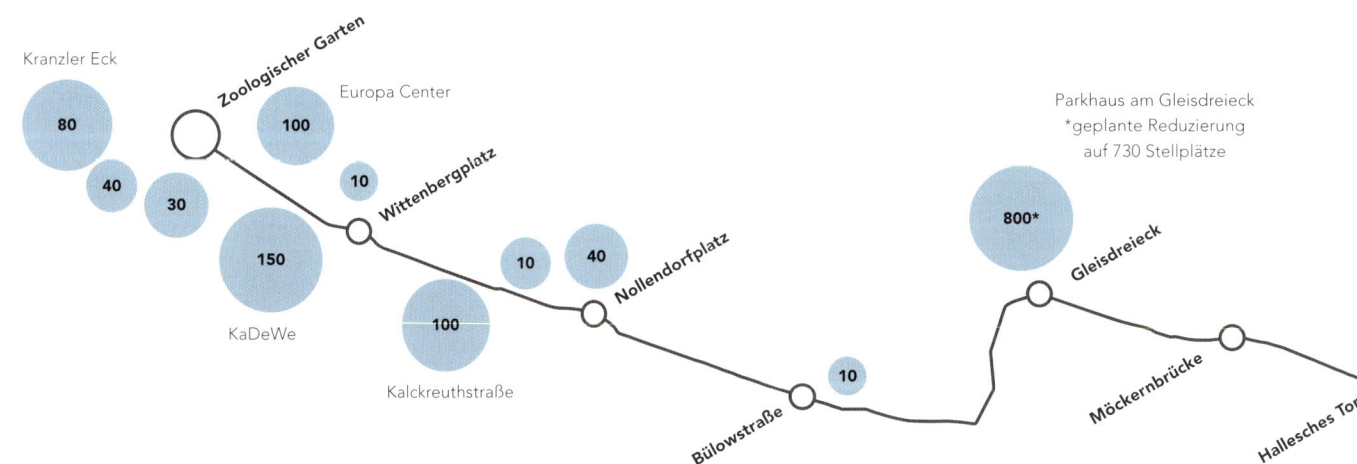

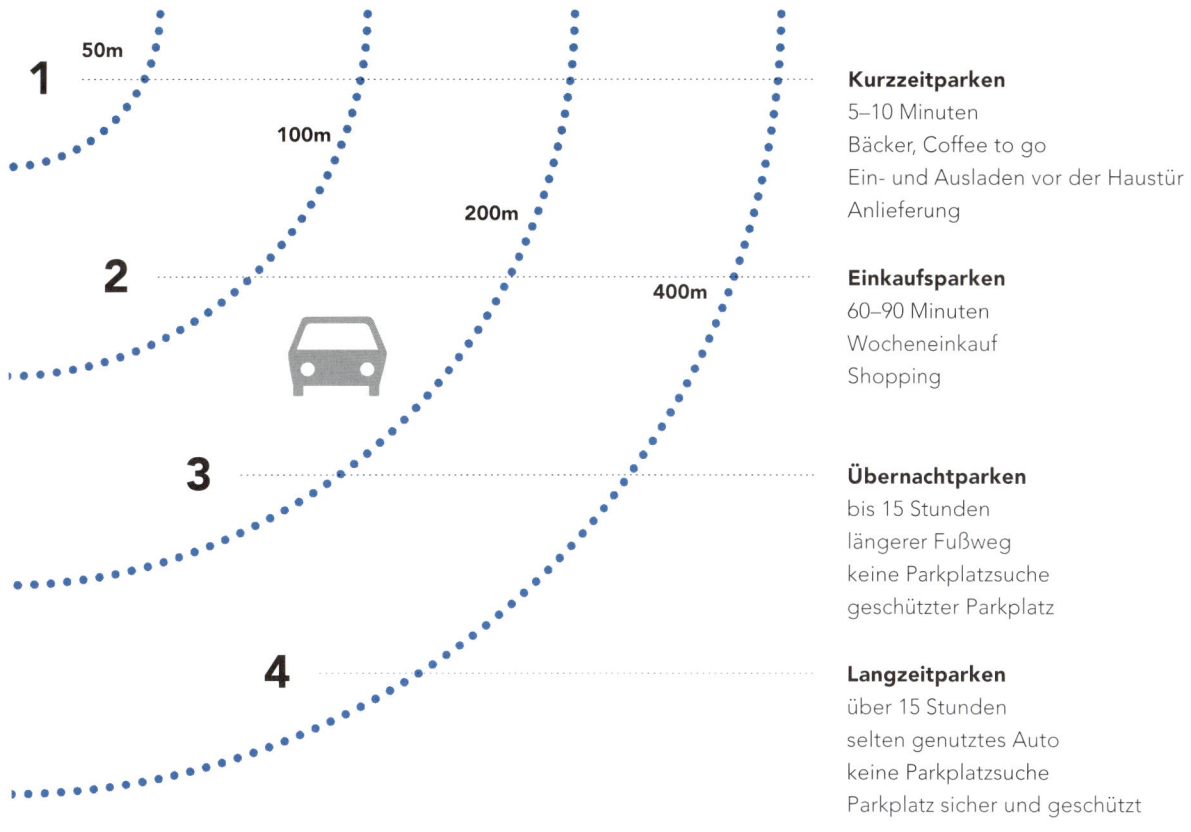

Kurzzeitparken
5–10 Minuten
Bäcker, Coffee to go
Ein- und Ausladen vor der Haustür
Anlieferung

Einkaufsparken
60–90 Minuten
Wocheneinkauf
Shopping

Übernachtparken
bis 15 Stunden
längerer Fußweg
keine Parkplatzsuche
geschützter Parkplatz

Langzeitparken
über 15 Stunden
selten genutztes Auto
keine Parkplatzsuche
Parkplatz sicher und geschützt

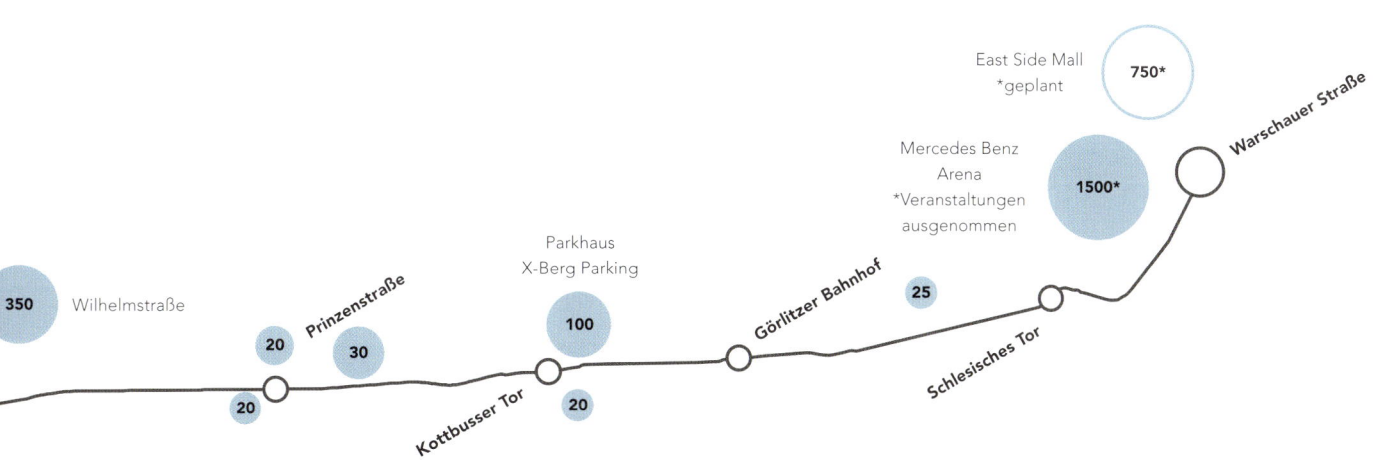

Parkhäuser, Kapazität
Anzahl der Stellplätze (gesamt)

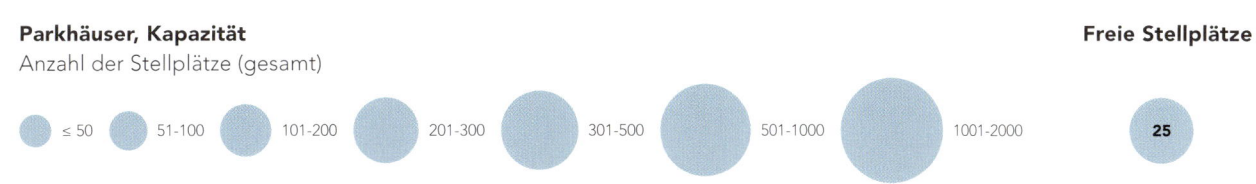

Freie Stellplätze

≤ 50	51-100	101-200	201-300	301-500	501-1000	1001-2000

Potenzial 5 – Neuer Stadtraum

Blickt man mit Distanz auf den öffentlichen Raum in Städten, so ist es schon etwas verrückt, dass riesige Flächen für ruhende Autos zur Verfügung gestellt werden, die im Durchschnitt nur eine Stunde pro Tag ihre eigentliche Aufgabe erfüllen, Menschen von A nach B zu bringen. Die übrigen 23 Stunden des Tages reduzieren sie unsere Stadtfläche um je 15 Quadratmeter – 100.000-fach. Gleichzeitig wächst Berlin und die Grundstückspreise schnellen in die Höhe. Ein Anwohnerparkplatz in bester Lage kostet hier aber weiterhin maximal 10 € pro Jahr!

Das Recht auf ein eigenes Auto hat sich über Jahrzehnte in unserer Gesellschaft manifestiert und für viele Menschen ist es nicht vorstellbar, kein eigenes Auto zu besitzen. Mit der rasanten technologischen Entwicklung im Mobilitätsbereich wird das Leben ohne eigenen Pkw aber möglich: Elektroautos und Carsharing, autonomes Fahren und höchste Intermodalität durch neue Informations- und Kommunikationstechnologien werden helfen, den Bedarf an Straßen- und Parkraum in Zukunft stark zu verringern.

Glaubt man optimistischen Prognosen, so wird ein Großteil des urbanen Verkehrs über autonom fahrende e-Kleinbusse abgewickelt werden. Diese würden ohne Haltestellen (*free-floating*) auskommen und immer genau die Strecke fahren, die man zu bewältigen hat. Diese urbane Reisevariante könnte derart günstig und komfortabel werden, dass es einfach keinen Sinn mehr macht, ein Privatauto zu halten. Aber auch wenn man einen pessimistischen Blick in die Zukunft wirft und daran glaubt, dass Menschen ihre Gewohnheiten nicht ändern werden und an ihrem eigenen Auto festhalten, kann sich dennoch – solange es autonom fahrende Autos sind – an unserem Stadtbild grundlegend etwas ändern. Denn das autonom fahrende Fahrzeug kann auch autonom parken, sei es in innerstädtischen Parkhäusern oder draußen vor der Stadt. Am nächsten Tag lässt es sich dann einfach rufen, wie ein Chauffeur.

Und nicht nur in Zukunft, wenn die selbstfahrenden Autos marktreif sein werden; auch heute gibt es schon die Möglichkeit politisch Anreize für Bürger*innen zu schaffen, Sharing-Systeme zu nutzen, sofern sie im Gegenzug ihr eigenes Auto abschaffen. Theoretisch könnten dadurch 8 von 9 Fahrzeugen und damit 120 von 135 Quadratmetern Parkplatzfläche anderweitig genutzt werden. Idealerweise als öffentliches Gemeingut, auf dem Menschen sich entfalten dürfen.

Eine Radstrecke wie die Radbahn könnte einen ersten Ausblick in diese Zukunft geben, indem ein Raum geschaffen wird, der eine Symbiose aus attraktivem Verkehrs- und Lebensraum ermöglicht. Bewusst oder unbewusst könnten hier viele Menschen einen Denkanstoß erhalten und sich die Frage stellen, warum Räume wie dieser nicht auch an anderen Orten in der Stadt entstehen.

23

Stunden stehen Pkw im Durchschnitt täglich ungenutzt herum und blockieren dabei je 15 m² Stadtfläche[31]

10 €

im Jahr kostet in Berlin derzeit ein Anwohnerparkplatz, sofern eine Parkzone ausgewiesen ist. In Tokio sind es selbst in Vororten 960 bis 1680 € im Jahr[32]

31 Randelhoff, M. (2013): Die größte Ineffizienz des privaten Pkw-Besitzes: Das Parken. Zukunft Mobilität. 23.02.2013. http://www.zukunft-mobilitaet.net/13615/strassenverkehr/parkraum-abloesebetrag-parkgebuehr-23-stunden/
32 The Economist (2017): Parkageddon. How not to create traffic jams, pollution and urban sprawl. 08.04.2017. http://www.economist.com/news/briefing/21720269-dont-let-people-park-free-how-not-create-traffic-jams-pollution-and-urban-sprawl

Bereits heute möglich – Carsharing

Wie viele Privatautos könnte ein geteiltes Auto ersetzen? Das Verhältnis verschiedener Prognosen schwankt stark und reicht von 16:1 bis 7:1. Mit 9:1 bewegen wir uns im Feld eher konservativer Schätzungen. Sicher ist aber, dass durch den konsequenten Umstieg auf Carsharing-Systeme extrem viel öffentlicher Raum generiert werden könnte.[33,34]

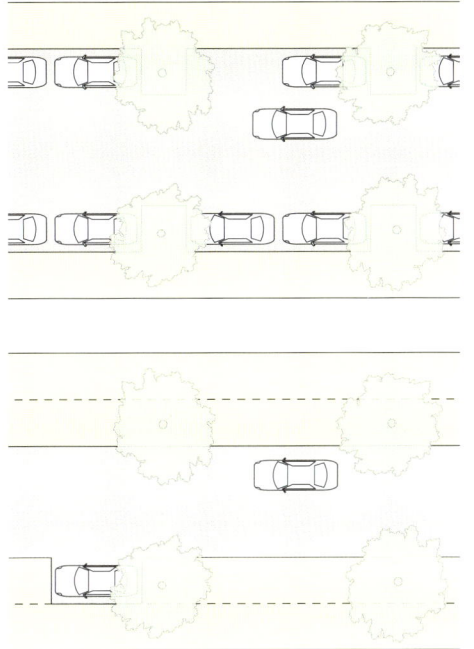

Heute
9 parkende Autos
125 m² Parkfläche

112,5 m² Flächengewinn

Heute möglich
1 parkendes Teil-Auto
12,5 m² Parkfläche

In der Zukunft möglich – selbstfahrende Autos

Autonome Autos benötigen aufgrund ihres effizienten Fahrvermögens und der Tatsache, dass der Platzbedarf für das Ein- und Aussteigen wegfällt, nur etwa 50 Prozent der Parkfläche verglichen mit heutigen parkenden Autos. Hinzu kommt, dass ihre Parkhäuser nicht für stehende Menschen ausgelegt sein müssen – 1,50 Meter Deckenhöhe reichen aus, was ungefähr weitere 50 Prozent an Platz spart.

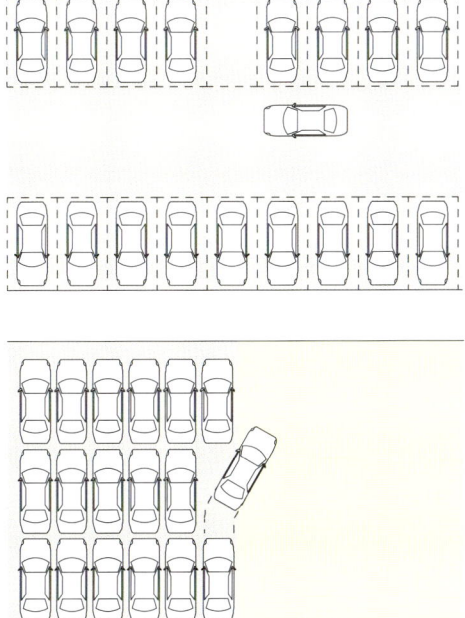

Parkhaus heute
18 parkende Autos
400 m² Parkfläche

200 m² Flächengewinn

Parkhaus selbstfahrende Autos
18 parkende selbstfahrende Autos
200 m² Parkfläche

33 Knie, A. (2013): Gastbeitrag: Flexibles Carsharing stärkt U- und S-Bahn. Zeit Online. 08.08.2013. http://www.zeit.de/mobilitaet/2013-08/carsharing-nahverkehr
34 Martin, E., Shaheen, S. (2016): Impacts of Car2Go on Vehicle Ownership, Modal Shift, Vehicle Miles Travelled, and Greenhouse Gas Emissions: An Analysis of Five North American Cities. Working Paper. University of California, Berkeley

Hotspot

Mitten hindurch – Teil davon werden

Lässt sich die Radbahn auch in Bahnhöfe mit Mittelabgänge integrieren, wie sie Kottbusser Tor und Görlitzer Bahnhof aufweisen?
Wie überqueren wir generell diese beiden urbanen Hotspots?

Auf den folgenden Seiten werden wir neben technisch-verkehrs-
planerischen Lösungsvarianten auch auf Milieu, Sozialräume
sowie Kunst entlang der Strecke eingehen.

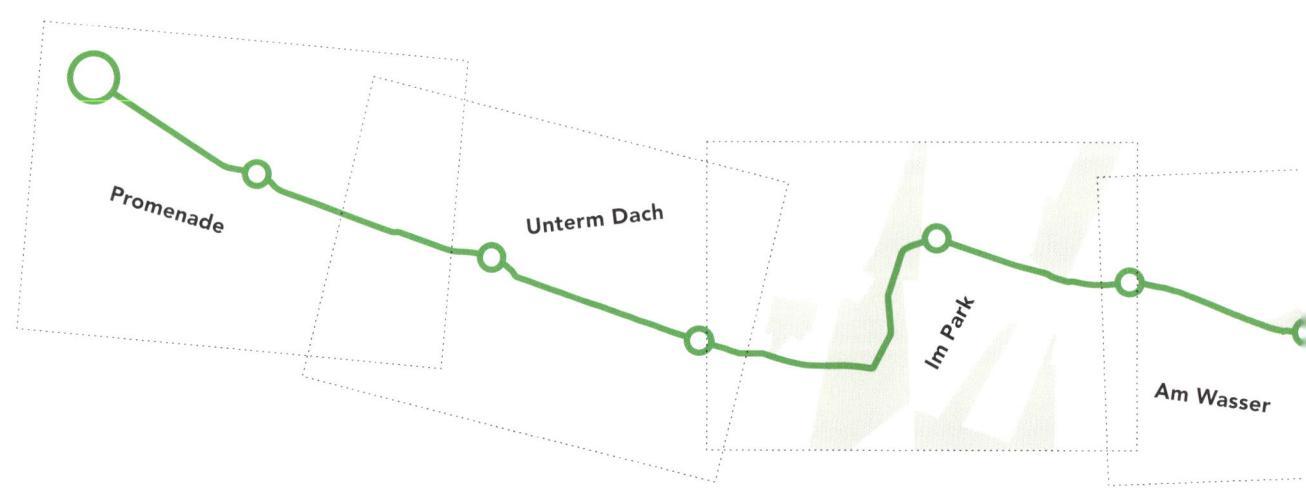

Promenade

Unterm Dach

Im Park

Am Wasser

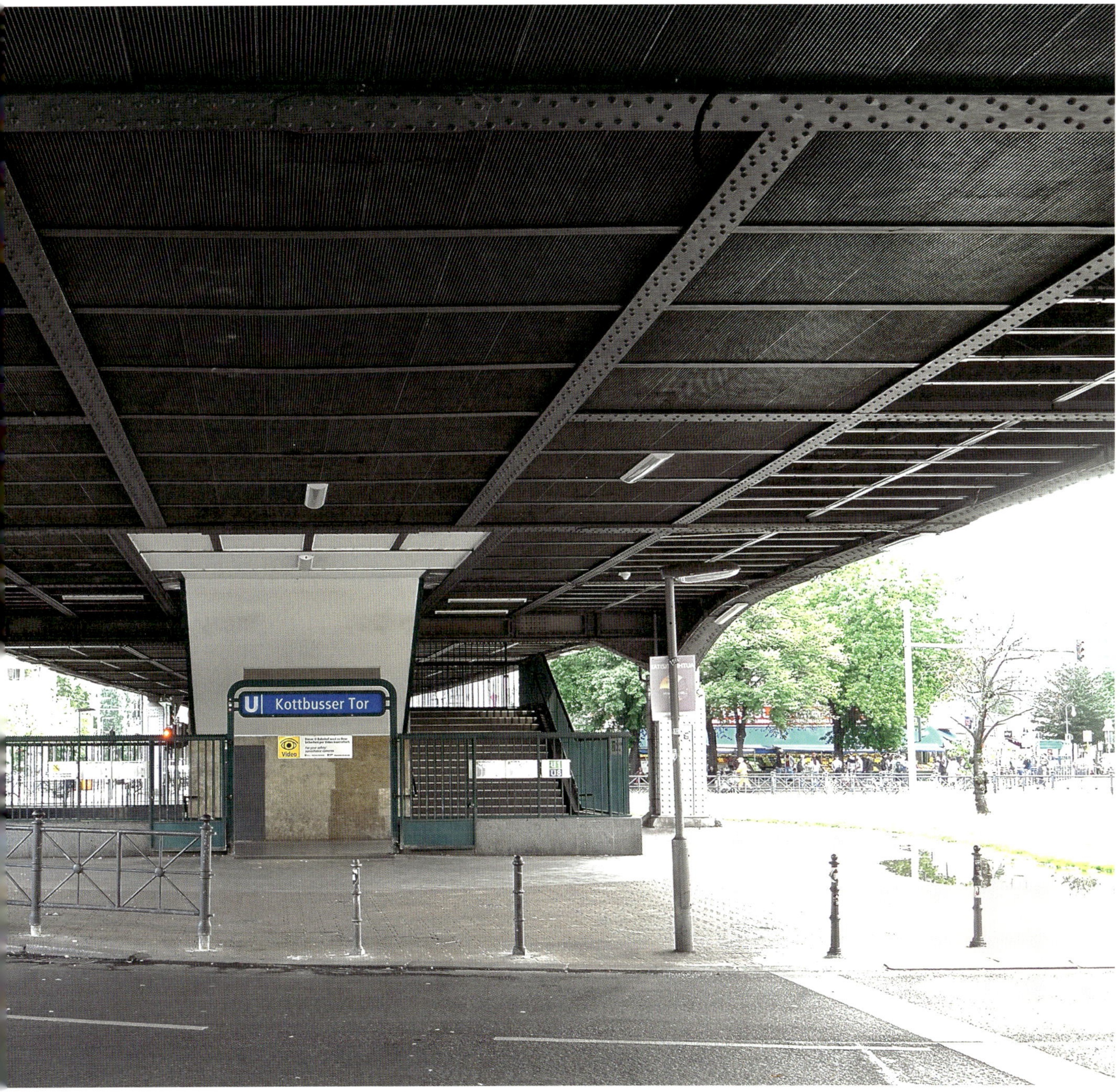

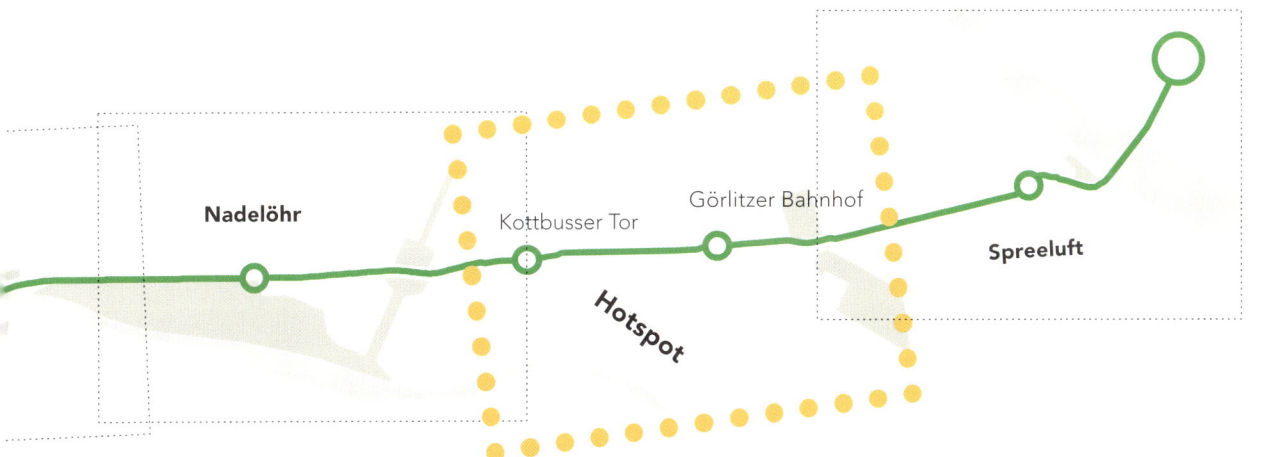

Nadelöhr

Kottbusser Tor

Görlitzer Bahnhof

Spreeluft

Hotspot

Oranienstraße

Adalbertstraße

Reichenberger Straße

Skalitzer Straße

P

U-Bhf.
Kottbusser Tor

Kulturbühne

U

Mevlana
Moschee

Skalitzer Straße

Heinrichplatz

Skalitzer Park

Park & Ride

Reichenberger Straße

Kottbusser Straße

Admiralstraße

Mariannenstraße

Seite 104

N

0   50   100   150   200

Vom Kreisverkehr am „Kotti" bis zum Görlitzer Bahnhof – über die gesamte Strecke halten wir uns zentral im Schutz der Hochbahn. Am „Görli" angekommen, könnte man mit einigen Umbauten der Treppenabgänge mittig unter dem Hochbahnhof fahren, aber schon wenige Meter weiter gibt es Engpässe mit steinernen Viaduktstützen. Wir schlagen somit vor, den Raum an dieser Stelle lieber für Freiluftkunst, Markt und lokales Gewerbe freizumachen und für knapp 400 Meter mit der Radbahn nördlich der Hochbahn auszuweichen. Am Lausitzer Platz fädelt sich die Strecke dann wieder problemlos in ihre gewohnte Spur ein.

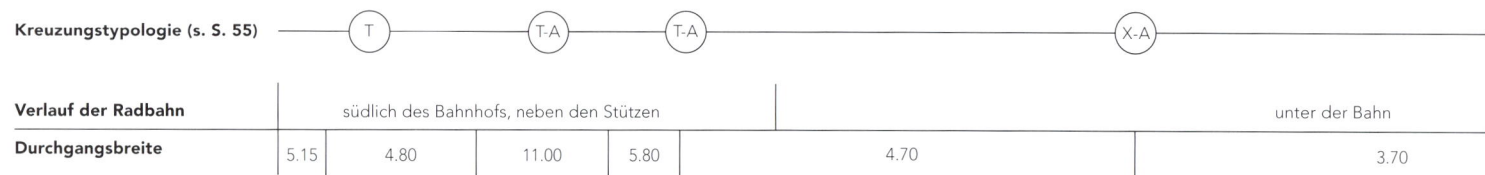

Kreuzungstypologie (s. S. 55)		T		T-A		T-A			X-A	
Verlauf der Radbahn			südlich des Bahnhofs, neben den Stützen						unter der Bahn	
Durchgangsbreite	5.15		4.80		11.00		5.80	4.70		3.70

Die Route über die Hotspots

Oranienstraße

Manteuffelstraße

Lausitzer Platz

Emmaus Kirche

U-Bhf.
Görlitzer Bahnhof

Zeughofstraße

Straßenmarkt

Skalitzer Straße

Skalitzer Straße

Seite 110

Kunsthalle open air

Wiener Straße

Lausitzer Straße

Seite 108

Görlitzer Park

Görlitzer Straße

Spreewaldplatz

Wellenbad

S-A		nördlich des Bahnhofs			neben den Stützen	X		X	unter der Bahn	T
6.00	5.55	5.80	4.35	2.90	3.10	2.65	3.25	2.65	3.00	

Konzert
Theater
Markt
Essen
Park & Ride
WC

0
5
10
15
20
Konzert
Radbahn

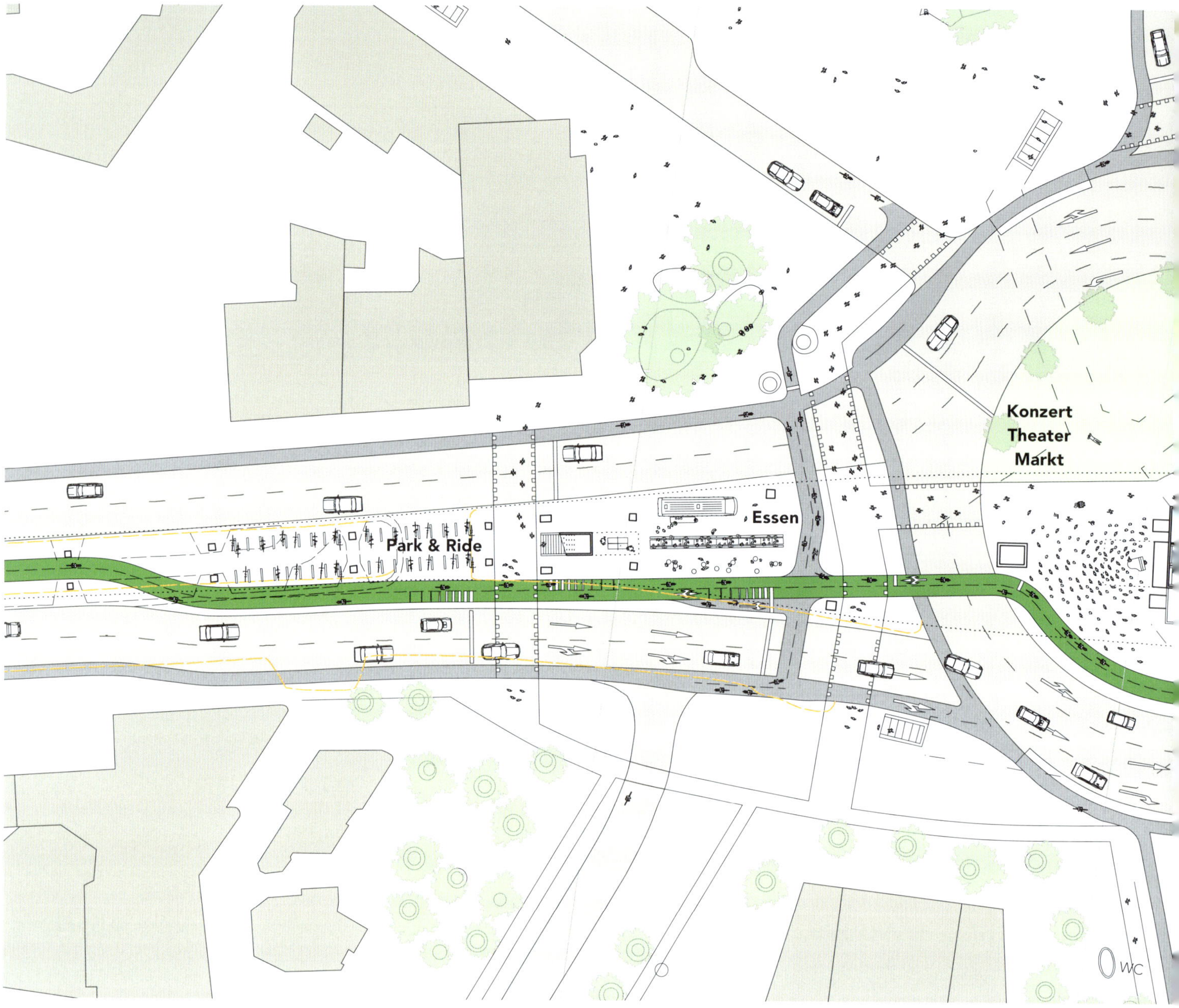

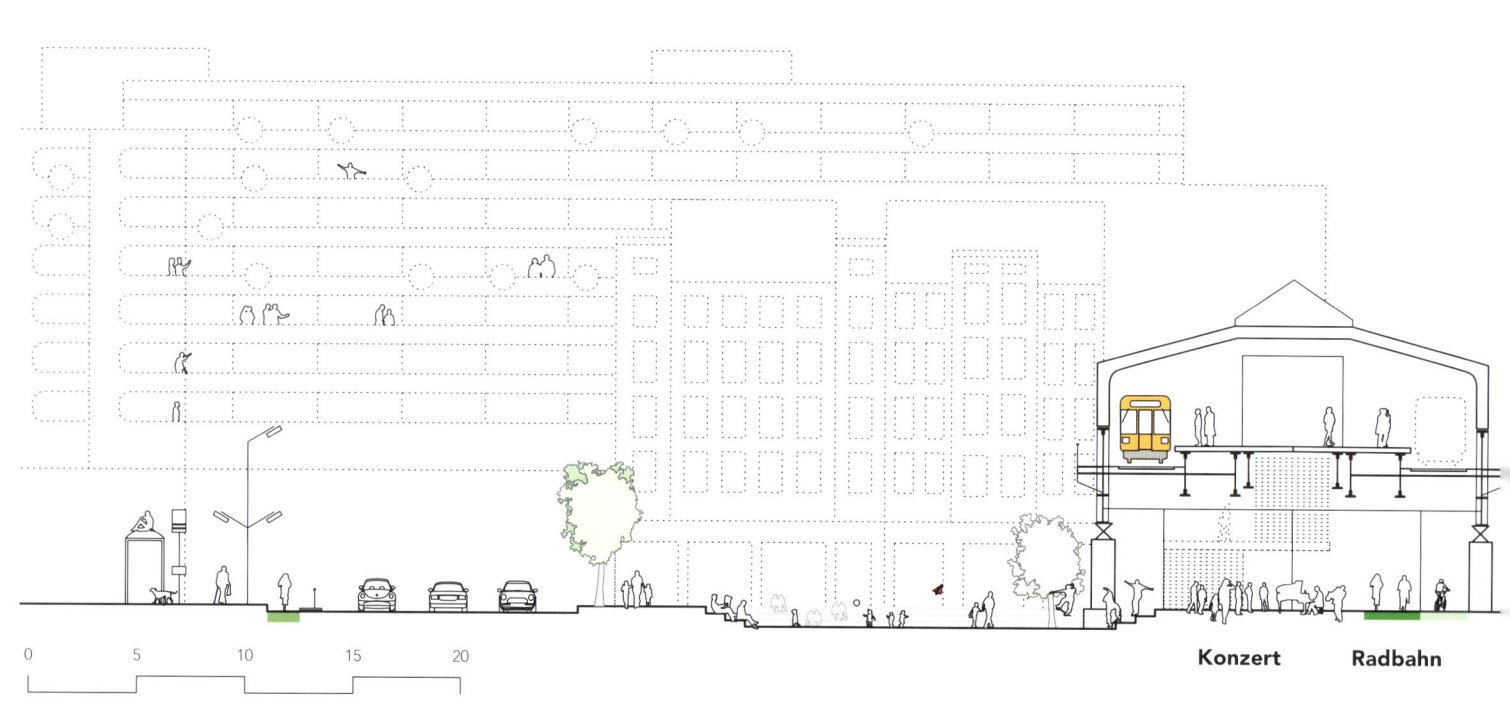

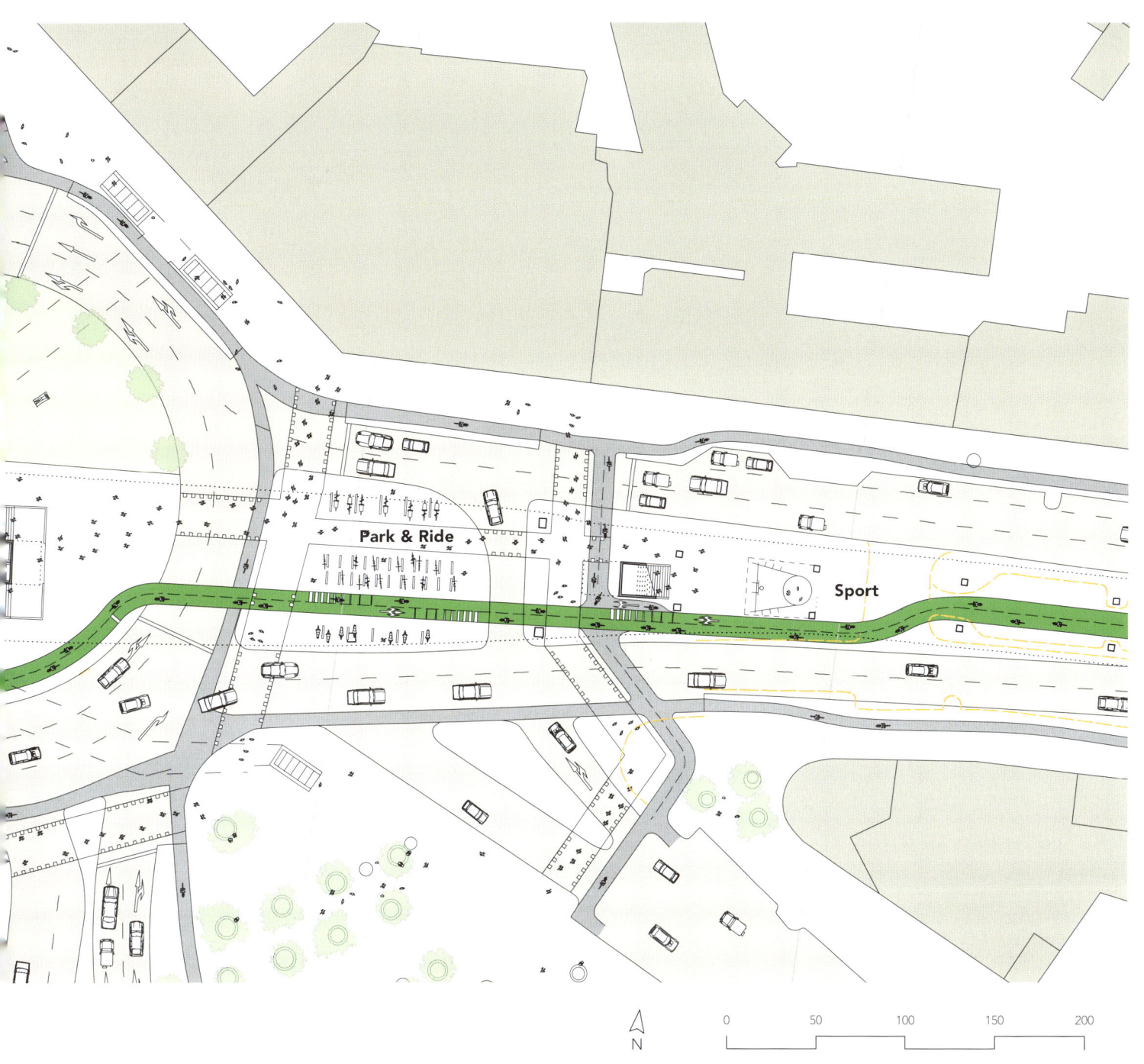

Kottbusser Tor

Zur verkehrstechnischen Eingliederung der Radbahn ist zu beachten, dass das Kottbusser Tor nur städtebaulich ein Kreisplatz ist, verkehrstechnisch aber eine Folge von durch Lichtsignalanlagen geregelten Zufahrten. Das erleichtert die Berücksichtigung der mittig geführten Radbahn analog einer Stadtbahn mit LSA-Phasen parallel zum Kfz-Hauptverkehr oder bei Bedarf durch eigene Sonderphasen.

Der verkehrstechnische Anpassungsaufwand ist also gering und die städtebaulichen Potenziale hinsichtlich Aufenthalt und Verknüpfung enorm. Hier kann ein einzigartiges Ausrufezeichen für eine moderne und intelligente Nutzung von bisher problematischem Stadtraum gelingen! Wird die Mittelinsel belebt, entsteht ein neuer durchmischter Sozialraum – mehr dazu auf der Folgeseite.

Potenzial 6 – Neue soziale Begegnungszonen

Der alltägliche Weg zur Schule, zur Arbeit oder zu Freunden zeigt: Mobilität und Verkehr sind Grundvoraussetzungen für gesellschaftliche Teilhabe und Integration. Eine gute und sichere Fahrradinfrastruktur in der Stadt bietet die Grundlage dafür, Mobilität allen sozialen Schichten und beinahe allen Altersgruppen gleichberechtigt und kostenlos zu ermöglichen – ohne Kosten für Führerschein, Benzin oder ÖPNV-Ticket. Über den praktischen sozialen Nutzen hinaus haben gute Radwege aber auch eine große symbolische Kraft: „A bikeway is a symbol that shows that a citizen on a $30 bicycle is equally as important as a citizen in a $30,000 car."[35], sagt Enrique Peñalosa, Bürgermeister von Bogota, der der kolumbianischen Metropole zu einem beeindruckenden positiven Wandel verholfen hat.

Eine weitere wichtige soziale Komponente ist, dass durch attraktive Radwege der öffentliche Raum eine Aufwertung erfährt. Während Autoverkehr Schneisen in Form von breiten Straßen in der Stadt erfordert, entsprechen Radwege dem menschlichen Maßstab und schaffen Begegnungszonen, die kulturelle Interaktion und sozialen Austausch ermöglichen. Das Radfahren selbst ist ein Akt, bei dem man mit anderen interagiert. Augen, Gesichtszüge und Körper sind sichtbar und auch eine zwanglose verbale Kommunikation ist leichter anzustoßen, als wenn zwei Autoscheiben die Verkehrsteilnehmer*innen voneinander trennen – insbesondere in Warte- und Pausenzonen.

Radfahren verbindet und demokratisiert Mobilität und das tut auch Quartieren gut. Studien belegen, dass die Anzahl an Freundschaften in der Nachbarschaft mit verkehrsberuhigten Straßen steigt.[36] Gemeinschaftliche Aktivitäten und Projekte können entstehen und das Mitgefühl mit den Mitmenschen wächst. Interaktionen und menschliche Begegnungen haben noch einen weiteren Nebeneffekt: Sie sind Grundvoraussetzung sozialer Kontrolle und wirken mildernd auf Kriminalität und deviantes Verhalten.[37]

Während an manchen Orten Videokameras hängen, schauen an anderen Senioren auf Kissen gestützt aus dem Fenster: Der Effekt ist der gleiche, aber die Atmosphäre eine komplett andere. Für Letzteres bedarf es lebendige Straßen, auf denen Menschen gehen, Rad fahren, verweilen und interagieren können. Straßen, die nicht den Interessen des motorisierten Verkehrs untergeordnet sind, sondern auf denen der Verkehr den Interessen der Nutzer*innen gehorcht. Auch hierfür steckt in der Radbahn ein hohes Potenzial.

Als passionierter Fahrradfahrer kann ich diese Idee nur toll finden und werde sie aktiv unterstützen.

Jochen Sandig, Mitbegründer mehrerer Kulturinstitutionen Berlins, wie Tacheles, Sophiensäle, Radialsystem und Sascha Waltz Company

74 %

ist die Kriminalität im „Kessler Park" in Kansas City in einem Jahr gesunken, als die Straßen in seinem Umkreis am Wochenende autofrei blieben[38]

3-mal

so viele Bekanntschaften haben Anwohner*innen verkehrsberuhigter Straßen in der Nachbarschaft im Vergleich zu Menschen, die an Straßen mit einem hohen Verkehrsanteil leben[36]

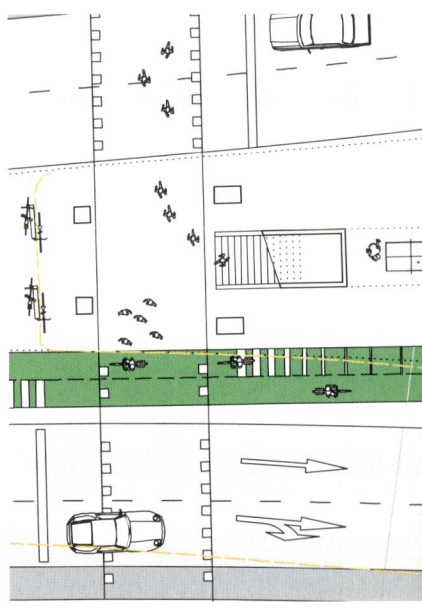

Kulturfläche Kottbusser Tor

35 Peñalosa, E. (2013): Why buses represent democracy in action. TED Talk. https://www.ted.com/talks/enrique_penalosa_why_buses_represent_democracy_in_action/transcript
36 Appleyard, D. (1981): Livable Streets. University of California Press, Berkeley.
37 Jacobs, J. (1992): The Death and Life of Great American Cities. Vintage Books, New York.
38 Kansas City Parks and Recreation Department (2009): Car-free Weekends on Cliff Drive Expand: Success of Pilot Program Leads to Year-Round Expansion. Kansas.

Sozialraum Radbahn

Die Radbahn ist nicht nur Verkehrs-, sondern auch Begegnungsraum. Sie ist ein Menschen und Stadtteile verbindendes Projekt, dessen politische Stärke für die Stadtentwicklung im Unterstreichen der räumlichen Besonderheiten liegt. Unser Konzept zu neuen lebendigen Sozialräumen entlang der Strecke basiert auf drei Strategien: 1) Die eigentliche Radstrecke ist selbst ein Sozialraum, in dem man sich auf dem Rad oder an Haltepunkten begegnet. 2) Zusätzliche Sozialräume wie beispielsweise den „Möckernstrand" (siehe Seite 75–77) definieren wir mit unserer Planung. 3) Unsere Planung belässt an vielen Stellen bewusst undefinierte Stadträume, die Anwohner*innen oder Kunstschaffende sich aneignen und wechselnd nutzen können. Mit etwas Fantasie lassen sich ein paar überdachte Quadratmeter in eine Bühne oder ein Boule-Spielfeld verwandeln.

Kottbusser Tor

Dieser geschichtlich und städtebaulich besondere Ort hat einen einmaligen Charakter und galt bis vor Kurzem als gelungenes Beispiel für ein multiethnisches Sozialsystem. Heute klagen lokale Akteure aber über Drogenhandel, Raub und Gewalt auf offener Straße und sehen das multikulturelle Neben- und Miteinander stark gefährdet. Doch die vielfach beschworene Abwärtsspirale kann durchbrochen werden und eine andere Form der Platzgestaltung kann ein wichtiges Element dabei sein!
Ziel sollte hier sein, eine neue Aufenthaltsqualität zu schaffen, den „Kotti" als Sozialraum zu reaktivieren und dadurch seinem Missbrauch entgegenzuwirken. So lassen sich Verständnis und Vertrauen untereinander herstellen, der Ort von der ansässigen Community zurückerobern und ein Wiederaufleben der positiv behafteten multikulturellen Identität erreichen.

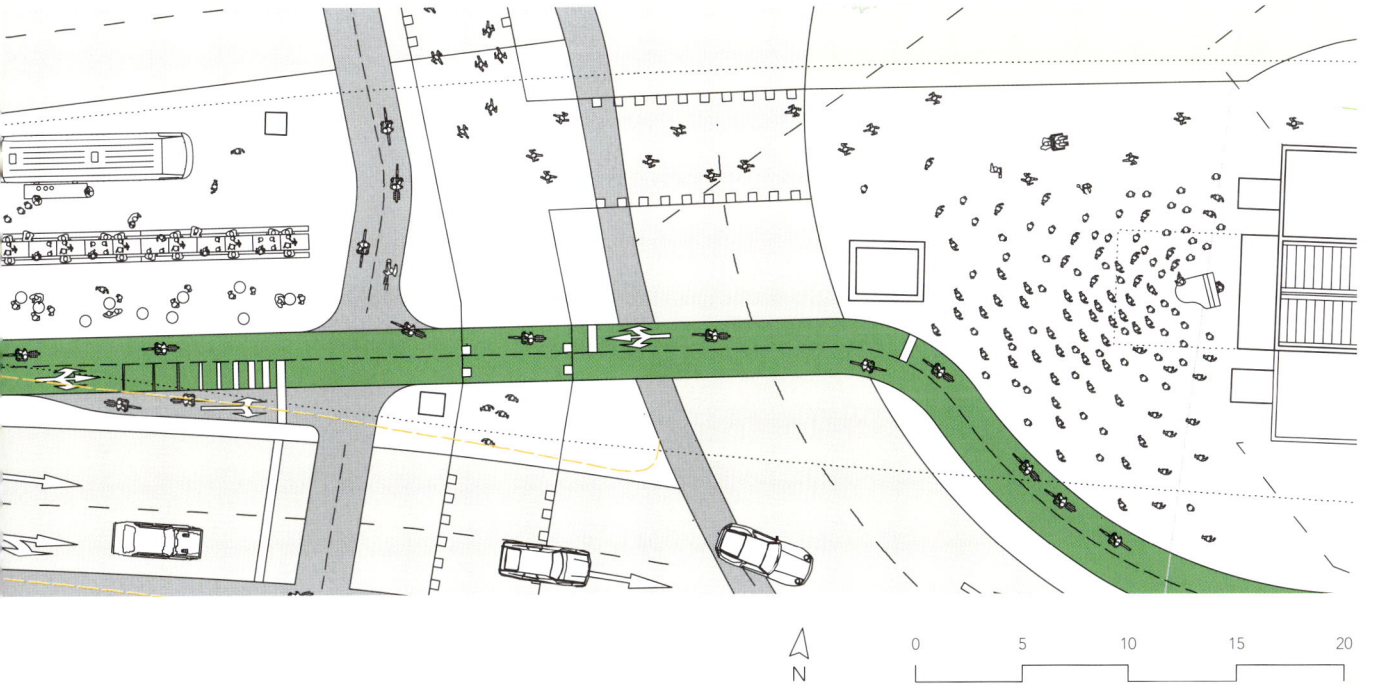

0   2.5   5   7.5   10

Vom Görlitzer Bahnhof bis zum Lausitzer Platz

Auf dem überdachten Mittelstreifen zwischen Görlitzer Bahnhof und Lausitzer Platz lassen wir
Raum für temporäre Nutzungen. Hier könnten Märkte oder auch fliegende Bauten für lokale
Entrepreneure entstehen. Die Plätze könnten von der bezirklichen Verwaltung in einfachen
Konzeptverfahren zu einer geringen Miete vergeben werden.

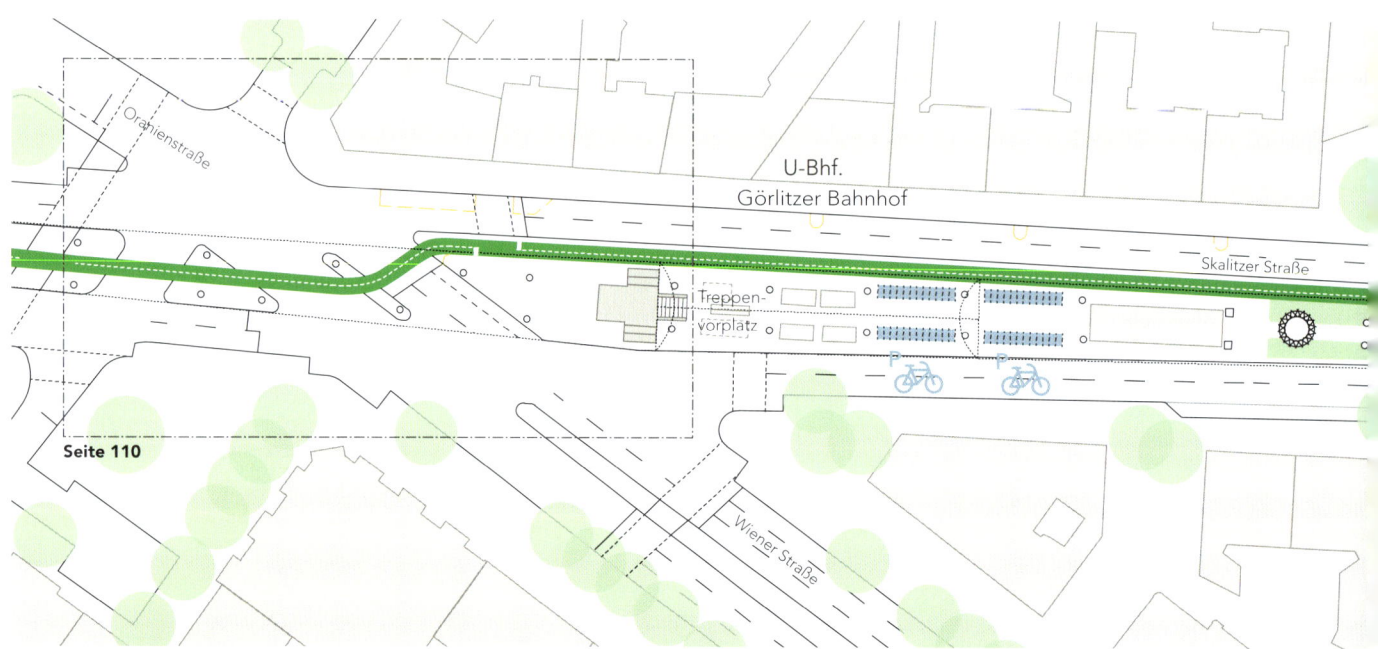

Ausschnitt: Vom Görlitzer Bahnhof bis zum Lausitzer Platz

Die Kunsthalle zum Durchradeln

Entlang der zukünftigen Radbahn-Strecke finden sich bereits heute viele Kunstwerke. Insbesondere weltberühmte Graffiti-Künstler haben sich hier verewigt. Wir respektieren das und wollen Kunst darüber hinaus fördern. Bereits seit 1963 gibt es in Stockholm ein sehr interessantes Konzept der Kunstförderung – das sogenannte Ein-Prozent-Gesetz legt dort fest, dass ein Prozent der Gesamtkosten eines Bauvorhabens (einschließlich Neubau, Umbau und Erweiterung) öffentlich zugänglichen Kunstwerken bzw. den Künstler*innen zugute kommen. An der Radbahn wollen wir diese Idee übernehmen und empfehlen, die Ein-Prozent-Regelung anzuwenden, ausgeschrieben über einen öffentlichen Wettbewerb und entschieden von einer Fachjury.

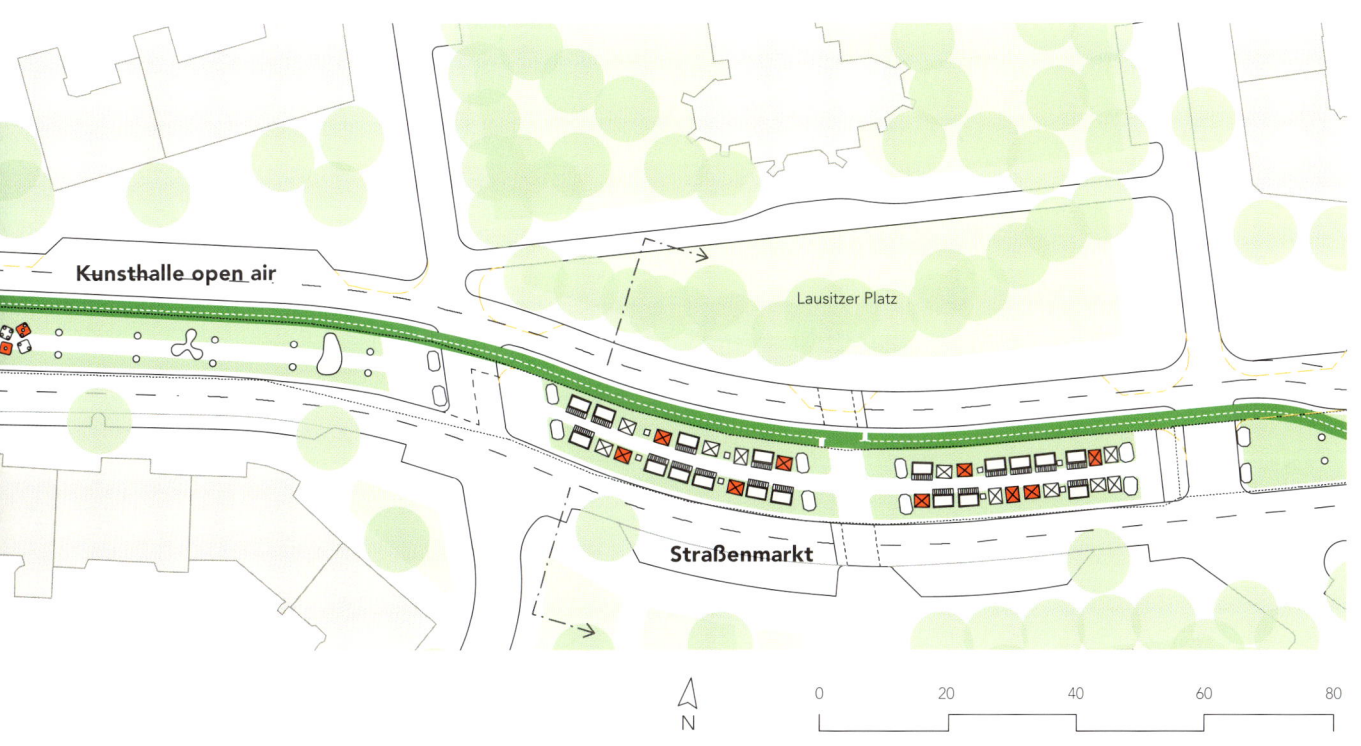

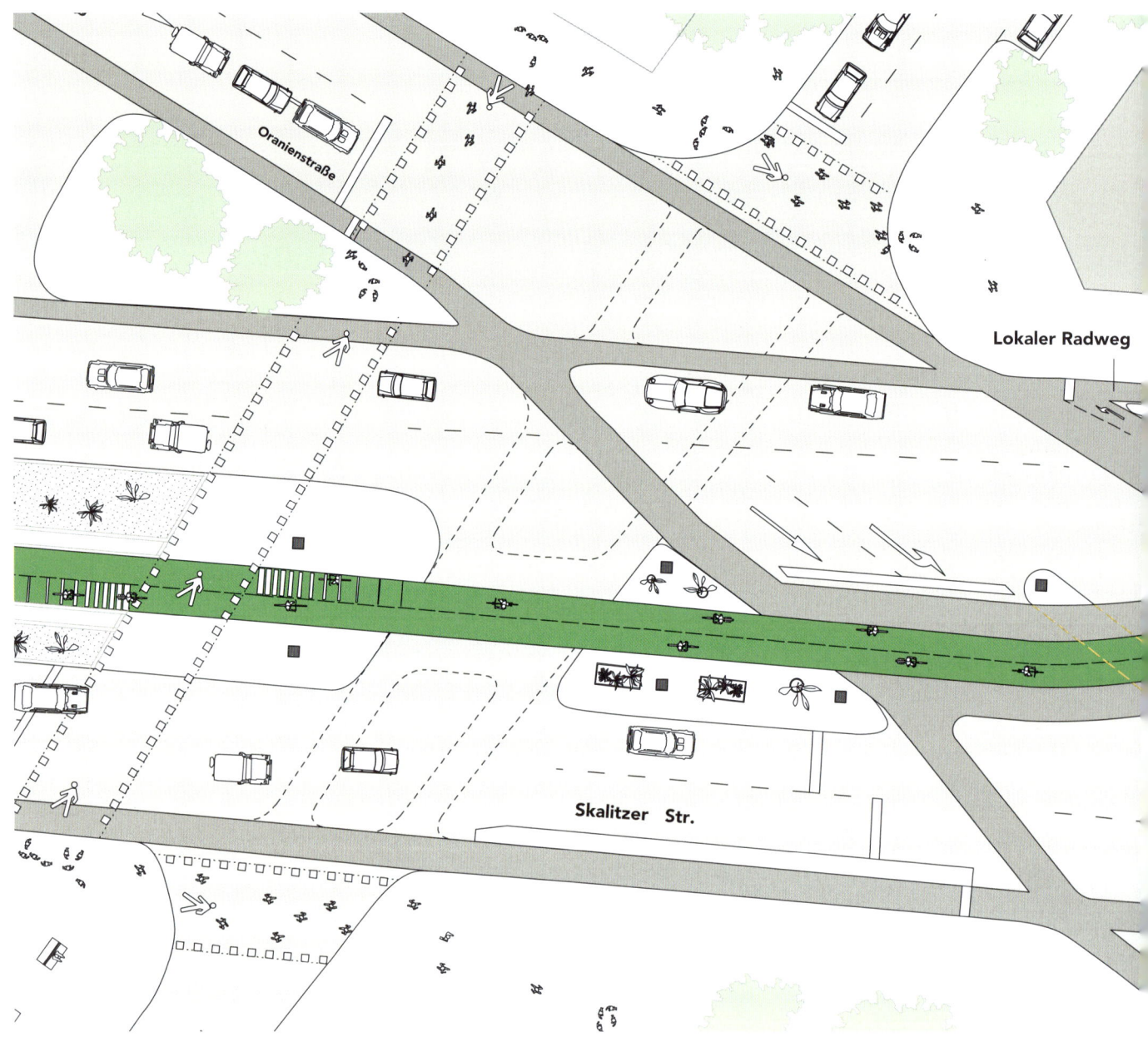

Kreuzung Görlitzer Bahnhof

Der Knotenpunkt am Görlitzer Bahnhof ist historisch kompliziert gewachsen. Zur ursprünglichen ost-westlichen Straßen- und Bahnführung entlang der Akzisemauer kam im Zuge der Stadterweiterung und Bebauung des Köpenicker Feldes eine rechtwinklige Kreuzung der Oranien- bzw. Wiener Straße mit der Manteuffelstraße hinzu. Da die Skalitzer Straße zweibahnig ist, ergeben sich acht Zu- und Ausfahrten. Es entstehen spitze Kreuzungswinkel, hinzu kommen die Einbauten für die U-Bahn in Hochlage, verteilt über einen besonders groß aufgeweiteten Knotenpunkt.

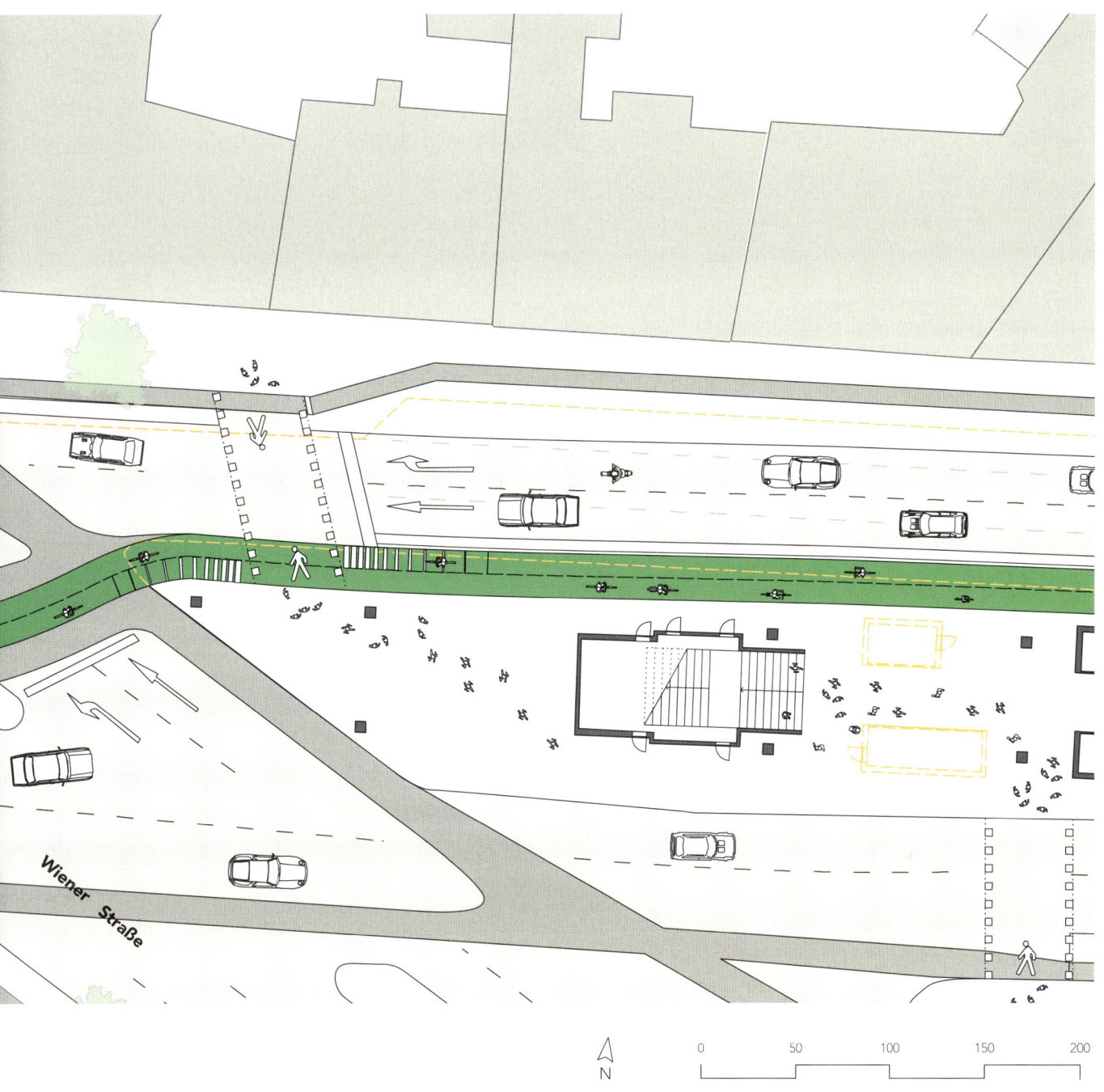

Wiener Straße

0   50   100   150   200

N

Die Verknüpfung mit den Radverkehrsanlagen in den vielen Zufahrten ist überraschend unproblematisch, wenn man kontinuierlich das Prinzip der Radbahn als bauliche Abgrenzung, aber verkehrstechnische Begleitung des Kfz-Hauptstroms anwendet. Durch das Nebeneinanderlegen von durchgehender Radbahn und begleitenden Erschließungs-Radverkehrsflächen im Kreuzungsbereich ergeben sich zahlreiche Aufstellflächen für indirektes oder auch direktes Linksabbiegen des Radverkehrs, immer eingetaktet in die LSA-Phasenfolge kurz bevor der entsprechende Kfz-Strom Grün erhält. Durch die klare Führung des Radverkehrs in allen Zufahrten wird die Sicherheit und Ordnung des fließenden Verkehrs an einem bisher eher durch „Wildwuchs" gekennzeichneten Knotenpunkt verbessert. Die Streckenführung der Radbahn nördlich am Aufgang des Görlitzer Bahnhofs vorbei ist ein Vorschlag – baulich möglich ist auch, dass die Aufgänge zum Bahnhof sich spreizen, sodass die Radbahn in der Mitte hindurchfahren kann.

Spreeluft

Noch eine Kurve und ab nach Friedrichshain

Die vielen Bars und Restaurants zur Linken und Rechten der
Radbahn verführen dazu, einen Halt auf dem Weg zur Spree
einzulegen. Zeit zur Reflexion!

In diesem Kapitel geht es um das Fahrerlebnis auf der Radstrecke
selbst. Welche Vor- und Nachteile hat die Mittellage? Wie sicher,
komfortabel und entspannt sind Radfahrer*innen auf der Radbahn
unterwegs? Wie animiert die Strecke ungeübte Radfahrer*innen,
mal wieder auf das Rad zu steigen? Ist die Radbahn auch eine
Strecke, auf der Kinder und Senioren sicher unterwegs sind?

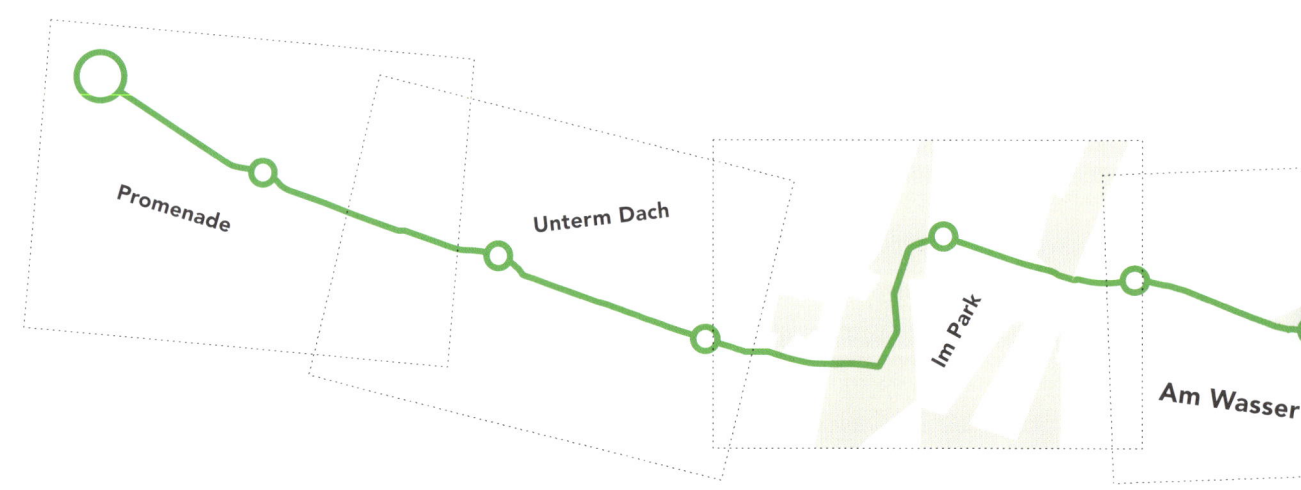

Promenade

Unterm Dach

Im Park

Am Wasser

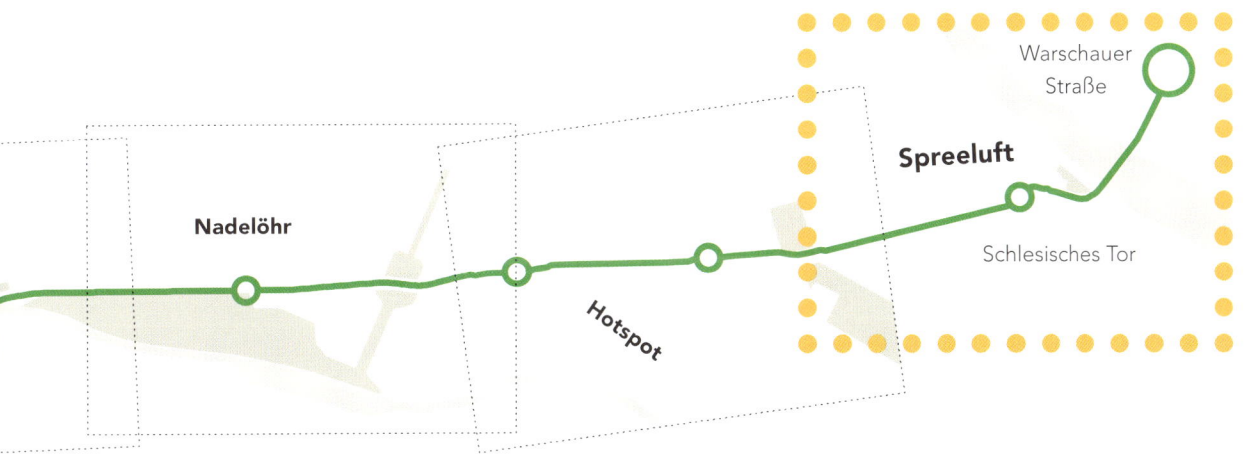

Nadelöhr

Hotspot

Spreeluft

Warschauer Straße

Schlesisches Tor

Die Spreeluft-Route

In Mittellage fahren wir die Skalitzer Straße hinunter, nördlich am U-Bahnhof Schlesisches Tor vorbei, um dann gleich nach dem berühmten Imbiss Burgermeister wieder zur Mittellage zu wechseln. Auf der Oberbaumbrücke überlassen wir das schöne Backsteinviadukt den Fußgänger*innen und Straßenmusiker*innen und ziehen auf die Straße. Mittels eines baulich separierten Zweirichtungsradwegs erreichen wir schließlich das Ziel: den Radbahnhof auf dem Grundriss des ehemaligen U-Bahnhofs Stralauer Tor.

Seite 117

Kreuzungstypologie (s. S. 55)		X-A				X-A
Verlauf der Radbahn		unter der Bahn				neben de
Durchgangsbreite	3.00	6.25	3.00	7.15	8.45	3.00

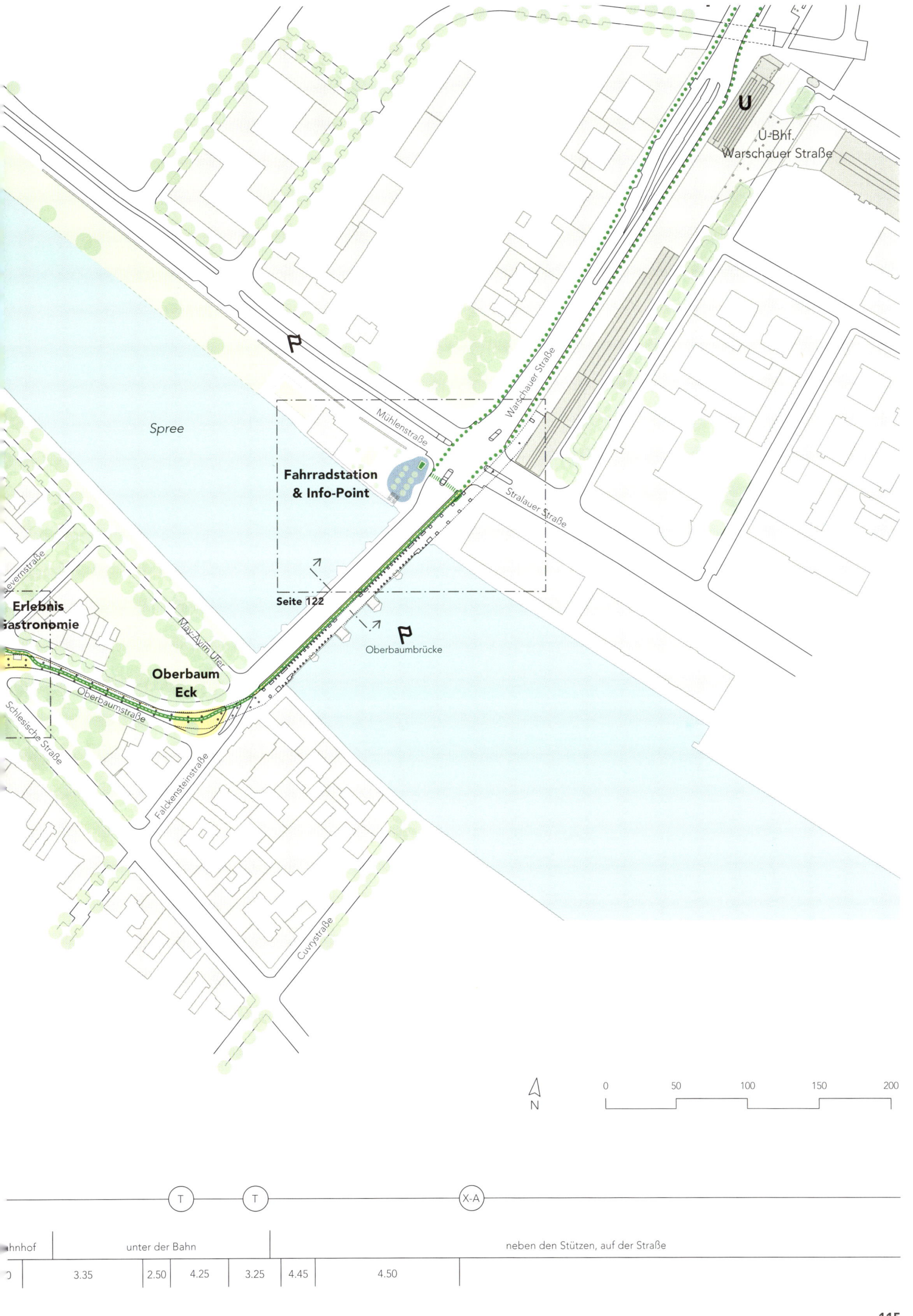

Spree

Fahrradstation
& Info-Point

Seite 122

Erlebnis
Gastronomie

Oberbaum
Eck

Mühlenstraße

Warschauer Straße

Ü-Bhf.
Warschauer Straße

U

Stralauer Straße

Oberbaumbrücke

Max-Awim Ufer

Oberbaumstraße

Schlesische Straße

Falckensteinstraße

Cuvrystraße

N

| 0 | 50 | 100 | 150 | 200 |

T	T		X-A

hnhof	unter der Bahn				neben den Stützen, auf der Straße
0	3.35	2.50	4.25	3.25	4.45	4.50

Potenzial 7 – Freude am Fahrradfahren

Was die Attraktivität anbelangt, so lassen sich unzählige rationale Argumente finden: Radfahren ist gesund, hält fit und schlank, ist auf kurze Strecken schnell und flexibel, umweltfreundlich, raumsparend, energieeffizient, für Städte, Regionen und lokalen Einzelhandel wirtschaftlich gewinnbringend und das Fahrrad ist in der privaten Anschaffung und Wartung vergleichsweise kostengünstig. Vereinfacht gesagt: das Fahrrad bietet für (fast) alle Probleme, die mit dem Automobil als individuellem städtischen Verkehrsmittel einhergehen, eine einfache Lösung.

Was neben diesen fortbestehenden Argumenten aber wohl noch zukunftsbringender und wichtiger ist: Das Image des Radfahrens gegenüber dem Autofahren ist im Begriff, sich zu verändern. War das Fahrrad im vergangenen Jahrhundert noch das Verkehrsmittel der „grünen Weltverbesserer", hat es sich in den letzten Jahren zum Lifestyle-Objekt gewandelt. Es gehört zum urbanen Lebensstil und gilt als Ausdruck von Geschmack, Status und Individualität – jene Disziplinen, in denen das Auto jahrzehntelang eine Hegemonialstellung innehatte.

Im Bestreben nach einer umweltfreundlichen städtischen Mobilität der Zukunft (Mobilitätswende) sind Politik, Zivilgesellschaft und Medien weltweit immer mehr von der Sinnhaftigkeit des Fahrrads als städtisches Transportmittel überzeugt. Beim Automobil ziehen die alten Argumente – Freiheit, Wohlstand und Moderne – nur noch bedingt. Ständiges im Stau Stehen und lästige Parkplatzsuche verkehren die Freiheit in einen Zwang, die negativen Auswirkungen auf die Umwelt sowie die zunehmenden Flächenprobleme in Städten werden spürbarer. So wird es zunehmend ungewöhnlicher, dass beispielsweise ein 30-Jähriger heute das Auto für eine innerstädtische Kurzstrecke von wenigen Kilometern wählt.

Was spricht also dagegen, das Fahrrad bedingungslos zu fördern – Bürger*innen sprechen sich eindeutig fürs Radfahren aus (dies zeigt etwa die große Unterstützung, die der Initiative des Volksentscheid Fahrrad in Berlin zukommt). Dem Automobil (und seiner Lobby) wurde seit der Zeit des Leitbildes der autogerechten Stadt der 1960er Jahre fast auf der ganzen Welt ein Großteil des innerstädtischen Raumes und ein Logenplatz im kollektiven Bewusstsein zugestanden. Als Gesellschaft haben wir uns über Jahrzehnte daran gewöhnt, uns mit dem Auto fortzubewegen, einen Parkplatz zur Verfügung gestellt zu bekommen und die externen Kosten (Umweltbelastung etc.) dabei weitgehend auszublenden. Damit geht der materielle Besitz eines eigenen Autos als Statussymbol einher, der dem kommenden Kulturwandel zuwiderläuft.

Wenn wir uns doch gesellschaftlich dazu entschieden haben – und damit sind wir bei den Aushandlungsprozessen durch Subversion und Widerstand angekommen –, dass wir zumindest einen Teil unserer ursprünglichen Vorstellungen von Mobilität und Verkehr aufgeben wollen, dann ist es nur konsequent und folgerichtig, dass sich dies im Straßenraum manifestieren muss. Denn in der Theorie macht die Mobilitätskultur diesen Transformationsprozess bereits durch. Jetzt benötigen wir noch flächendeckende Infrastrukturen für Radfahrende, also auch einen Ort, der das Radfahren feiert und ihm den besten Platz zugesteht. Eine Strecke, auf der man mal gefahren sein muss, ist für viele die beste Motivation, das verstaubte Fahrrad aus dem Keller zu holen, die Reifen aufzupumpen und mal wieder wahre Freude am Fahren zu verspüren!

13 %

häufiger als Radfahrer*innen und Fußgänger*innen geben Autofahrer*innen an, dass sie ständig unter Stress stünden und an Schwierigkeiten litten, sich zu konzentrieren[39]

40 %

geringer ist das Stresslevel von Fahrradfahrer*innen im Vergleich zu Personen, die andere Verkehrsmittel nutzen[40]

39 Herrmann, S. (2014): Psyche der Pendler, Glück der Radler, Frust der Autofahrer. Süddeutsche Zeitung. 16.09.2014. http://www.sueddeutsche.de/wissen/psyche-der-pendler-glueck-der-radler-frust-der-autofahrer-1.2130063
40 The Telegraph (2015): Cyclists are 40 per cent less stressed than other commuters. The Telegraph. 14.05.2015. http://www.telegraph.co.uk/men/active/recreational-cycling/11603491/Cyclists-are-40-per-cent-less-stressed-than-other-commuters.html

Burgermeister

Dem Burgermeister, einem ehemaligen Toilettenhäuschen unter der Bahn, in dem heute Burger serviert werden, kommen wir nicht zu nahe, denn auch dieser ist ein hervorragend funktionierendes Beispiel für die Aneignung von städtischem Raum. Vom Schlesischen Tor kommend weichen wir nördlich aus, bieten für hungrige Radler*innen eine Miniplaza mit Absteigemöglichkeit oder fahren ganz einfach tief luftholend daran vorbei, bevor wir zur *Recta final* gelangen.

Schlesisches Tor

N

0   20   40   60   80

Sicherheit der Radstrecke

Die wichtigste Frage eines neuen Radwegs ist die nach der Sicherheit. Ziel sollte immer sein, dass auch Kinder, Senioren und ungeübte Erwachsene sicher auf ihm fahren können und sich auch sicher dabei fühlen. Betrachtet man die Radstrecke also rein verkehrstechnisch, so liegt ihre Besonderheit in der Nutzung der Mittellage, die mehrere Vorteile, aber auch einen Nachteil mit sich bringt.

Der wichtigste Vorteil ist, dass die Radbahn durch ihre bauliche Separierung grundsätzlich sicherer als ein Radstreifen am Straßenrand ist. Denn dadurch sind Radfahrende geschützt vor häufigen Unfallursachen wie plötzlich aufgehenden Autotüren oder dem gefährlichen Ein- und Ausfädeln in den fließenden Autoverkehr aufgrund von auf der Radspur haltenden Autos oder Lieferfahrzeugen. Auch die häufigste Ursache für schwere Radunfälle, Radwege kreuzende (abbiegende) Autos, wird durch die Mittellagenvariante gemildert, da 1) die Radbahn auf der Strecke generell weniger Kreuzungspunkte mit dem motorisierten Verkehr hat als konventionellle Radwege auf der rechten Seite der Straße und 2) Radfahrende im Blickfeld der Autofahrenden sind, die links im Fahrzeug positioniert sind (siehe auch Beispiel auf Seite 48–51).

Verkehrstechnisch einzig nachteilig an der Mittellage ist, dass Autofahrende hier nicht mit Radverkehr rechnen – zumindest nicht in Deutschland. Aus diesem Grund empfehlen wir Linksabbiegerampeln und eine visuell und physisch für Autofahrende immer in der Wahrnehmung bleibende Sicht auf die Radbahn. So könnte die Ausnahme schnell zur Gewohnheit werden.

Unfälle zwischen Auto und Fahrrad sind zwar meist verheerender, aber auch die Gefahr eines Zusammenstoßes zwischen zwei Radfahrer*innen kann groß sein – insbesondere auf einem Zwei-Richtungs-Radweg wie der Radbahn. Deshalb haben wir ERA und RASt (technische Regelwerke im Straßenwesen, siehe Seite 54) studiert und an den Stellen, an denen die Radbahn die empfohlene Breite unterschreitet, das Viadukt verlassen (am Landwehrkanal sowie zwischen Görlitzer Bahnhof und Lausitzer Platz).

Die Gefahr, die von aggressiven Radfahrer*innen für sie selbst und andere ausgeht, sehen wir auf der Radbahn deutlich geringer als auf herkömmlichen Straßen mit oder ohne Radstreifen. Das eigentlich auf natürliche Weise Glückshormone ausschüttende Radfahren verkehrt sich nämlich normalerweise nur dann in ein aggressives Verhalten, wenn eine emotionale Aufregung stattgefunden hat und es zu Konflikten mit verschiedenen Nutzergruppen kommt, wie auch Bernhard Schlag, Professor für Verkehrspsychologie an der TU Dresden, erklärt.[41] Das Gefühl, um den eigenen Platz im Straßenverkehr aggressiv kämpfen zu müssen, sollte auf der Radbahn kein*e Radfahrer*in mehr zu spüren bekommen – dafür sorgt auch der beschriebene Fahrkomfort, wie beispielsweise die „Interaktion" der Ampeln mit den Radfahrenden.

Fahrkomfort der Radstrecke

Neben der einmaligen Qualität der vor Niederschlag geschützten Radbahn und der erläuterten höheren Sicherheit spielen auch der Bewegungsfluss und allgemeine Fahrkomfort auf einer Radstrecke eine bedeutende Rolle. Eine angenehme und attraktive Infrastruktur zeugt von Wertschätzung der Stadtgesellschaft gegenüber Radfahrer*innen. Kleine Gimmicks erhöhen Spaß und Motivation am urbanen Radfahren und ein *thank you for cycling*, wie es beispielsweise in Kopenhagen auf Rad-Infrastruktur-Elementen geschrieben steht, ist eine simple Geste mit einer großen psychologischen Wirkung. Auf der Folgeseite einige Beispiele, die sich entlang der Radbahn realisieren ließen.

Radeln in Mittellage

Die Radspur verläuft in Deutschland rechts des Autoverkehrs, aber warum? Es war nämlich nicht immer so! Als die mittelalterlichen Gassen zu eng wurden für den zunehmenden Pferdeverkehr, wurden Städte rigoros umgeplant. Breite Boulevards entstanden insbesondere in den Metropolen. Damit Fußgänger*innen nicht mehr durch den Pferdemist stapfen mussten, erhielten sie links und rechts Erhöhungen. Anfang des 19. Jahrhunderts wurden dann auch in der Mitte der Straße Granitplatten für den Pferdeverkehr befestigt. Als das Fahrradfahren aufkam, übernahmen Radler*innen teilweise die Mitte (Hamburger Modell), zunehmend wurden sie aber auch von den aufkommenden Straßenbahnen an die Seite gedrängt (Magdeburger Modell). Während das Hamburger Modell beispielsweise die Stadtplanung in Kopenhagen inspirierte, entschied schließlich die NSDAP, dass alle Radwege rechts der Straße zu verlaufen haben.[42]

41 The Telegraph (2015): Cyclists are 40 per cent less stressed than other commuters. The Telegraph. 14.05.2015. http://www.telegraph.co.uk/men/active/recreational-cycling/11603491/Cyclists-are-40-per-cent-less-stressed-than-other-commuters.html
42 Schriftenreihe der Reichsgemeinschaft für Radwegebau (1936): Radwegebau in Deutschlands Städten – Heft 2. Verlag Karl Rudolf Schulte, Berlin.

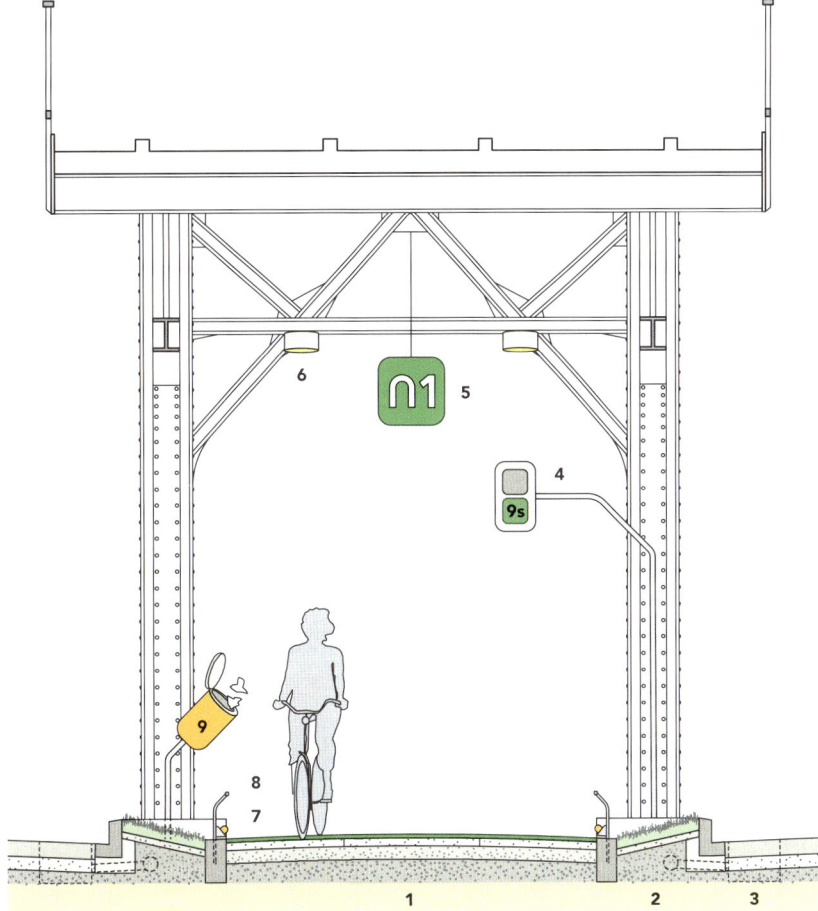

1 Fahrbahnaufbau alternativ:

    Variante Beton

    Variante Asphalt durchgefärbt

    Variante Sanierung des Bestandes

2 Grünstreifen, inkl. Drainage

3 Verbindung Straßenentwässerung

4 Interaktive Ampeln

5 Leitsystem Radbahn

6 Blendfreies, warmes Licht

7 LED-Geschwindigkeit-Lichtleiste

8 Fußstütze an Ampeln

9 Geneigte Mülleimer

Belag

- Durchgefärbt zur besseren Erkennung seitens der Kfz-Fahrer*innen, Erhöhung der Sicherheit für Radfahrer

- Reibungsarm, um gut voranzukommen

- Licht absorbierend und solarempfindlich (z.B. in Lidzbark Warminski, Polen)

Mobiliar

- Sitzgelegenheiten

- Abstellmöglichkeiten, teilweise in diebstahlsicheren Boxen

- Gegen die Fahrtrichtung geneigte Mülleimer zur Abfallentsorgung während der Fahrt

- Fußstützen an Wartebereichen vor Kreuzungen

Licht

- Angenehmes, warmes Licht durch energiesparende LED-Technik bei Nacht und an regnerischen dunklen Tagen

Ampel – Radfahrer*innen – Kommunikation

- Digitaler Countdown, der Radfahrer*innen vor Ampel-kreuzungen anzeigt, ob sich eine Beschleunigung lohnt oder lieber gebremst werden sollte (z.B. in Kopenhagen oder in Utrecht mit Symbolen)

- LED-Lichtleiste entlang der Strecke: Ein nur aus der Perspektive der Radfahrenden erkennbares Licht lässt sie wissen, bei welcher Geschwindigkeit die nächste Ampel-Grünphase erreicht wird.

- App, die zu jeder Zeit, abgestimmt auf die vorher eingespeicherte Route und die Leistungsfähigkeit der Nutzer*innen, die ideale Geschwindigkeit anzeigt. Lohnt es sich etwas an Zahn zuzulegen oder ist es sinnvoller, das Treten zu verlangsamen, um entspannt durch die nächste grüne Ampelphase zu radeln?

- Sensoren an Ampelanlagen, die an Regentagen die Grünphasen der Radfahrer*innen verlängern – zur Belohnung, dass sie trotz Regen mit dem Rad fahren (z.B. in Rotterdam und Groningen)

Radfahren im Schutz der Hochbahn – auch bei Regen attraktiv

Der Hochbahnhof Stralauer Tor um 1902, im Zweiten Weltkrieg wurde er zerstört
F Rep. 290 Nr. II4769, Landesarchiv Berlin / Fotograf: Waldemar Titzenthaler

Angekommen

Das Ziel ist erreicht. Auf der nördlichen Seite der Oberbaumbrücke schließt die teilweise schon fertige, teilweise geplante Radstrecke entlang der ehemaligen Zollmauer (Warschauer Straße – Petersburger Straße – Danziger Straße) an. Noch eine andere historische Mauer ist hier gegenwärtig: die East Side Gallery ist eine der touristischen Hauptattraktionen Berlins.

Der hier angedachte Radbahnhof auf den Grundrissen des Hochbahnhofs Stralauer Tor könnte Infopunkt und Verleihstation in einem sein.

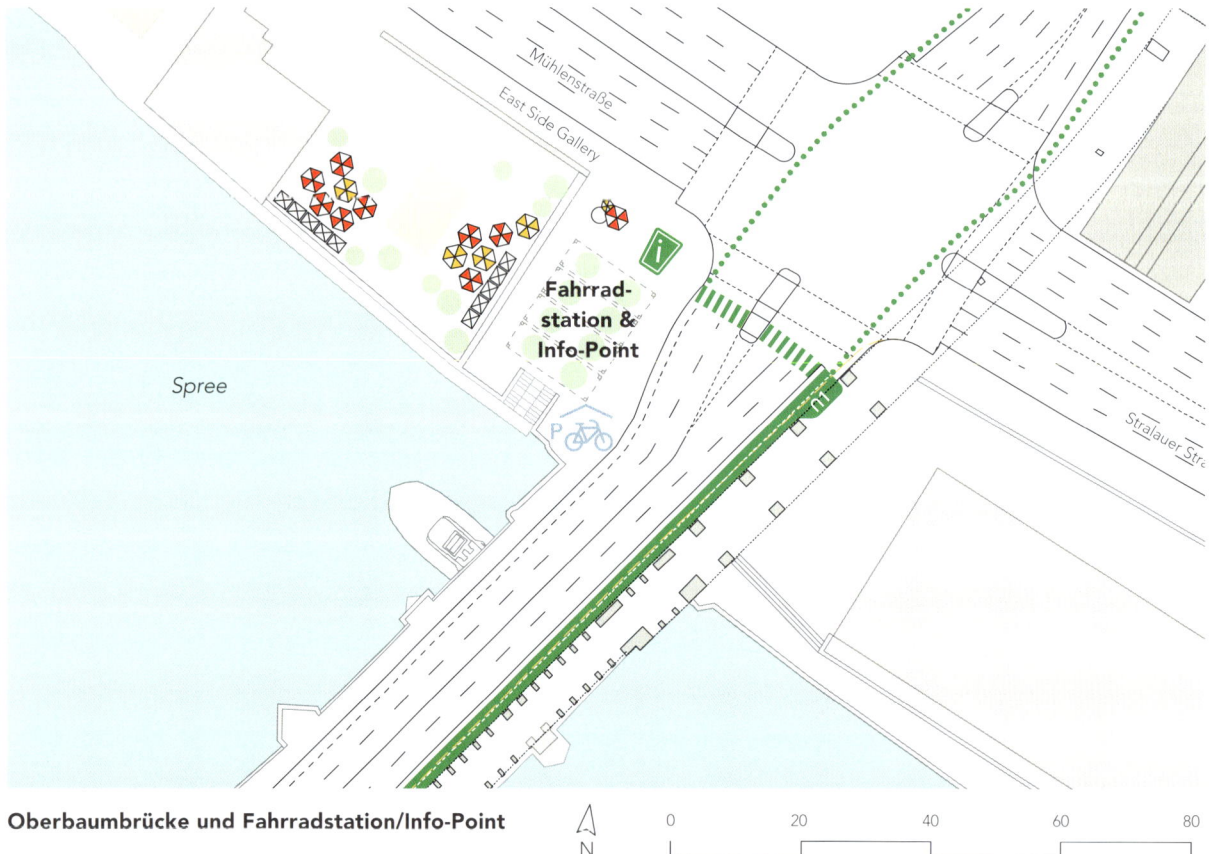

Oberbaumbrücke und Fahrradstation/Info-Point

An einer menschengerechten Stadtentwicklung wirken in Berlin zivilgesellschaftliche Initiativen wie die Radbahn mit spielerischen und gleichwohl realisierungsnahen Lösungsvorschlägen mit. Eben: typisch Berlin. Geben wir ihnen Gehör und lassen wir sie ihre Vorstellungen umsetzen. Berlin und die Berliner*innen aus aller Welt können dabei viel gewinnen.

Andreas Krüger, Stadtentwickler, u.a. Mitinitiator des Gewerbe- und Kreativquartiers am Moritzplatz

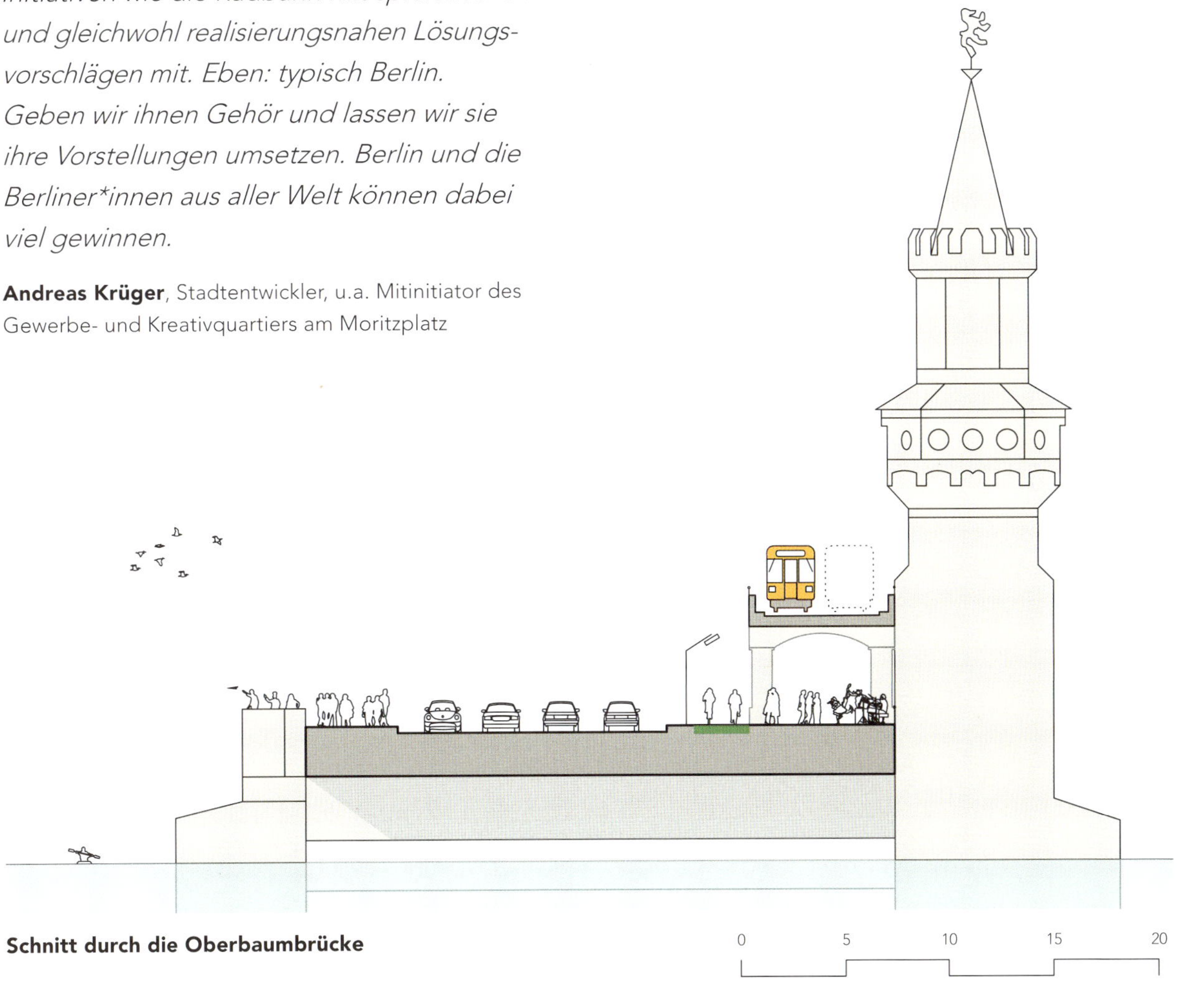

Schnitt durch die Oberbaumbrücke

0   5   10   15   20

Prognosen, Empfehlungen

und nächste Schritte

Auf die 9 Kilometer lange Radbahn-Reise folgen in diesem letzten Kapitel zunächst einige Prognosen. Dazu haben wir Partner*innen gewonnen, die für diese Studie Daten gesammelt haben, um eine Idee davon zu geben, wie viele Radfahrende die Radbahn zukünftig nutzen könnten und welche Verlagerungen von anderen Verkehrsmitteln es aufgrund des Baus der Radbahn geben könnte. Auch für die Erstellung einer Kostenindikation konnten wir einen Partner gewinnen. Gleichzeitig stellen wir diesen Kosten eine Rechnung gegenüber, von welchem Gewinn die Stadt durch den Bau der Radbahn ausgehen darf.

Zu guter Letzt geben wir noch eine Empfehlung, welcher Streckenabschnitt auf Basis der untersuchten Potenziale und Parameter am zügigsten realisiert werden sollte.

Strecken-Verlagerungspotenzial

Basierend auf Daten des Fahrrad-Navigations-App-Anbieters Bike Citizens

Bereits heute legen schon viele Berliner*innen ihre täglichen Wege mit dem Fahrrad zurück. Auch wenn derzeit keine aktuellen Daten der Verkehrszählung vorliegen, so ist doch seit der letzten Zählung im Jahr 2013 eine deutliche Zunahme an Radfahrten zu spüren.

Die Daten unseres Partners Bike Citizens basieren auf rund 50.000 aufgezeichneten Radfahrten und über 300.000 gefahrenen Kilometern. Die Daten wurden in den Zeiträumen 1. März bis 31. Oktober 2016 und 21. Februar bis 2. April 2017 erhoben. Auch wenn wir mit der Studie keine Repräsentativität für die Bevölkerung Berlins reklamieren wollen, so liefert die Auswertung doch einen guten Einblick in die Mobilitätsmuster von Radfahrer*innen in Berlin. Eine weiterführende Analyse könnte die absoluten Zahlen der Fahrrad-Zählstellen des Senats (z.B. an der Oberbaumbrücke und in der Yorckstraße) mit den aufgezeichneten App-Daten kreuzen, um genauere Prognosen für den tatsächlich zu erwartenden Radverkehr entlang der Radbahn zu erhalten.

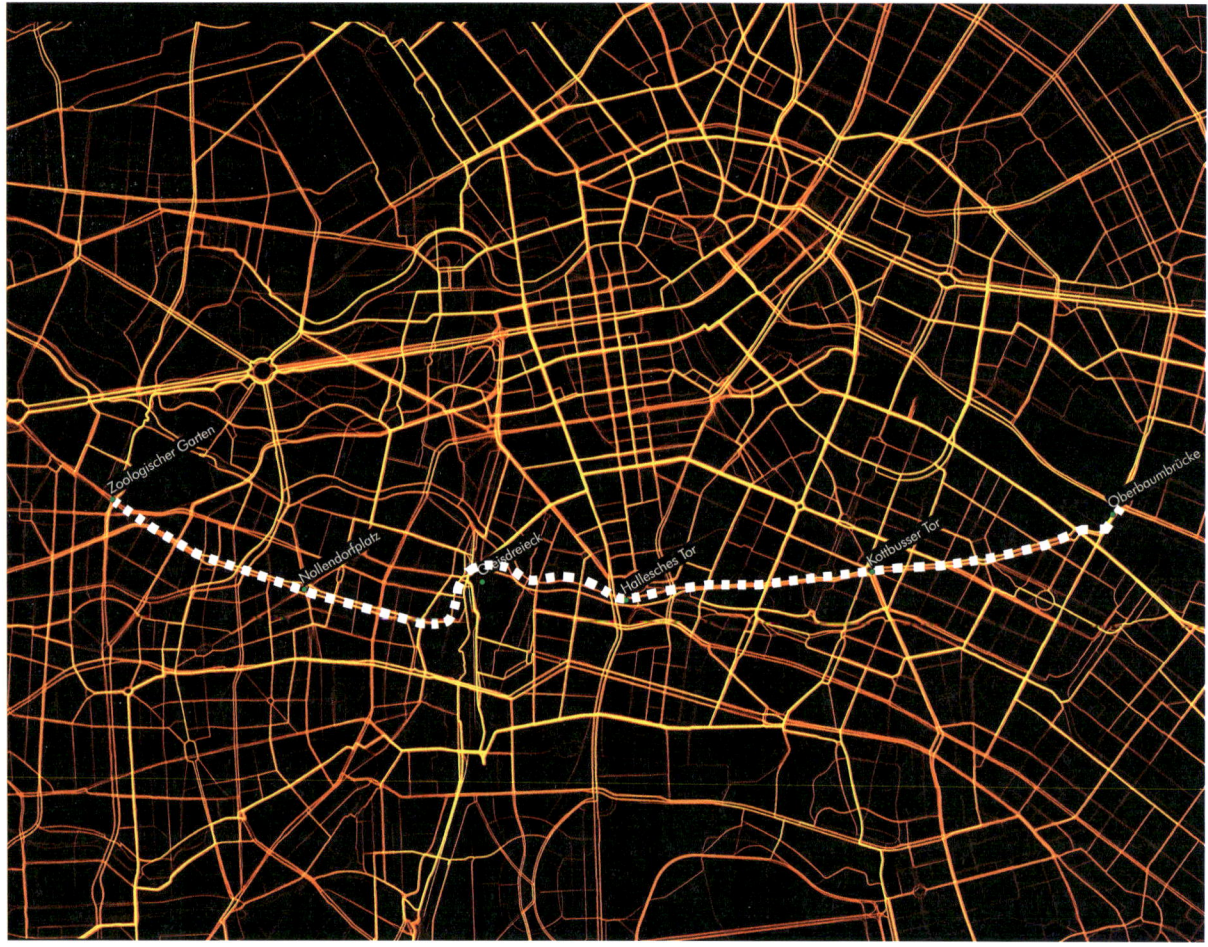

Heatmap

Betrachtet man die längeren Ost-West-Routen, die Berlins Radfahrer*innen nutzen, gibt es kaum Alternativen zur Radbahn (in Weiß eingezeichnet). Nah gelegene Parallelrouten existieren nicht. Lediglich sehr weit südlich verläuft die Gneisenaustraße und es gibt die weit im Norden liegende Verbindung über Oranienstraße, Rudi-Dutschke-Straße und Kochstraße. Die Personen, die heute bereits entlang der Radbahn-Route fahren, tun dies aus Zwang und nicht etwa, weil die Strecke als Radweg gut funktioniert. Im Bereich Gleisdreieck lässt sich die Notwendigkeit für eine Überquerungshilfe des Kanals ablesen.

Reisezeitenvergleich

Die Strecke vom Zoo bis zur Oberbaumbrücke ist nach aktuellem Bike-Citizens-Routenplaner heute 9,9 Kilometer lang. Bei einer veranschlagten durchschnittlichen Reisegeschwindigkeit von 15,3 km/h dauert diese Fahrt 38,8 Minuten. Die Fahrt auf der Radbahn bedeutet, direkter und zügiger ans Ziel zu kommen, da statt einer Zickzack-Strecke mit zahlreichen Haltepunkten ein direktes Vorankommen möglich ist. Der Fahrbahnbelag ist optimal und es sind weniger Kreuzungen und Ampeln zu überqueren. Die um 0,8 Kilometer kürzere Strecke könnte man dann bei einer somit erhöhten Durchschnittsgeschwindigkeit von 20 km/h in 27,3 Minuten abfahren und gut 11 Minuten Zeit sparen. Bei Hin- und Rückfahrt bietet die Radbahn demnach eine deutliche Zeiteinsparung von 23 Minuten.

Ohne Radbahn

Mit Radbahn

Verlagerungspotenzial

Bike Citizens prognostizieren, dass sich mit dem Bau der Radbahn viele Wege auf der Strecke verlagern würden. Deutlich wird auch, dass mit der Realisierung unserer Strecke an dem Gleisdreieck ein bedeutender Radnetz-Kreuzungspunkt entstehen würde.

Verkehrsmittel-Verlagerungspotenzial

Basierend auf Daten des InnoZ (Innovationszentrum für Mobilität und gesellschaftlichen Wandel GmbH)

Schwer zu prognostizieren ist, wie viele Menschen zukünftig die Radbahn mit dem Fahrrad nutzen würden, die auf der Strecke heute noch im Auto oder mit dem ÖPNV unterwegs sind. Spricht man aber mit Menschen in der Stadt, so betonen immer wieder viele, dass sie gerne mit dem Rad ihre täglichen Wege zurücklegen würden, es ihnen aber einfach zu gefährlich ist.

Unser Partner InnoZ hat deshalb eine Studie erstellt, die methodisch eine sehr interessante Grundlage für zukünftige Untersuchungen bietet. Dabei zeichnen Privatpersonen mit einer App ihre zu Fuß, im Auto, mit dem Fahrrad oder im ÖPNV zurückgelegten Wege auf. Diese Routen können anschließend nach ihrer Häufigkeit und geografischen Lage ausgewertet werden. Basierend auf Daten von nur 20 Teilnehmenden, die knapp 2000 Wege aufgezeichnet haben, ist die Aussage aktuell aber natürlich weder belastbar noch repräsentativ für die Berliner Bevölkerung. Zudem war der Zeitraum der Erhebung kurz und lag früh im Jahr (Januar bis April 2017, also noch vor der Fahrradhauptsaison).

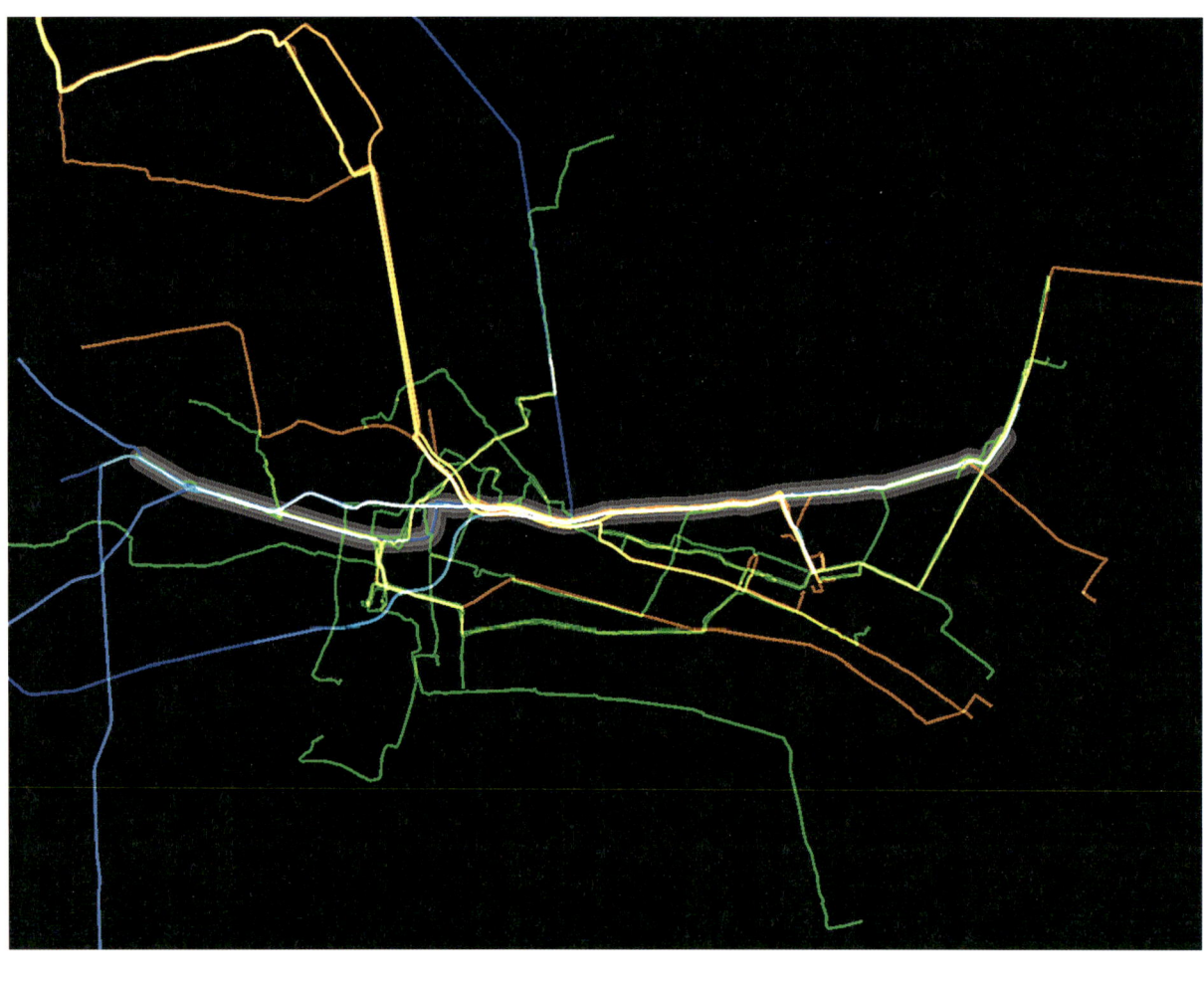

— Wege mit dem Fahrrad

— Wege mit dem Auto

— Wege mit dem öffentlichen Nahverkehr

Verlagerungspotenzial Auto – Rad

Besonders Personen, die häufig mit dem Fahrrad fahren (mehr als 50 Prozent aller Wege), nutzen im Einzugsbereich der Radbahn das Auto für Strecken, die im Durchschnitt 6,44 Kilometer lang sind. Das sind Distanzen, die in anderen Fällen von überzeugten Radfahrer*innen durchaus noch mit dem Rad gefahren werden können. Die größten Potenziale liegen jedoch bei Personen, die nur selten Fahrrad fahren; eine Überdachung und Separierung vom Straßenverkehr könnte einen Anstoß für eine Verlagerung in Richtung des Radverkehrs geben.

Verlagerungspotenzial U-Bahn – Rad

Die U-Bahnhöfe werden heute schon intermodal genutzt. Stichproben zeigen, dass es durchaus üblich ist, dass auf der Strecke von der Wohnung bis zur U-Bahn das Fahrrad genutzt wird, um dann öffentlich weiterzufahren. Möglicherweise würden Fahrrad-Nutzer*innen unter der Voraussetzung einer gebauten Radbahn dann gleich auf dem Rad sitzen bleiben und den Rest der Strecke auch noch zurücklegen.

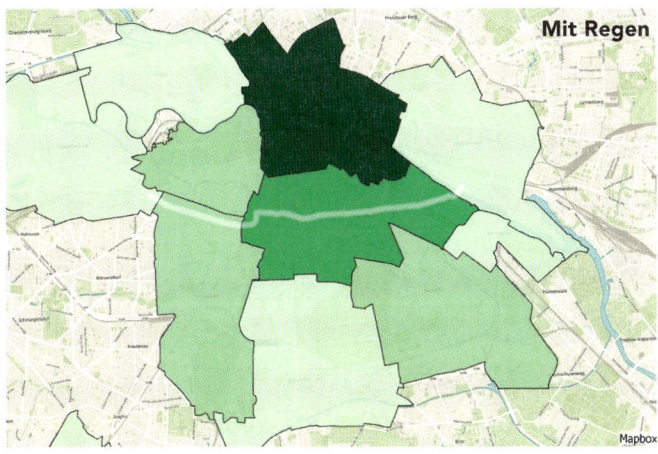

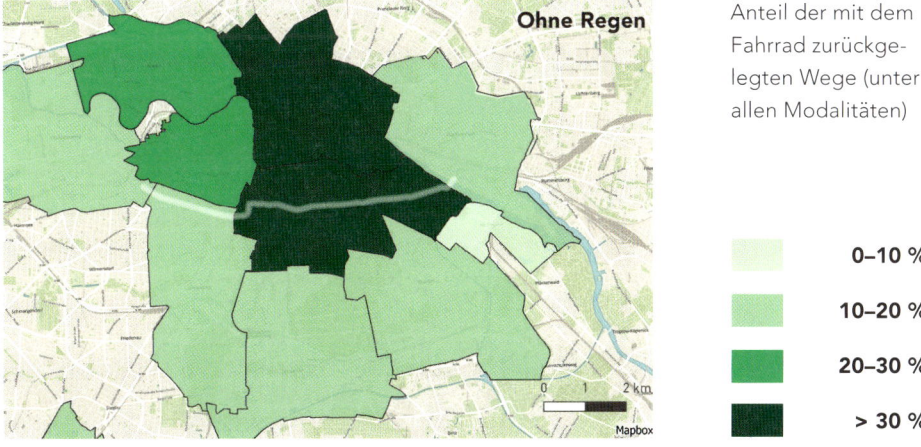

Anteil der mit dem Fahrrad zurückgelegten Wege (unter allen Modalitäten)

0–10 %

10–20 %

20–30 %

> 30 %

Verlagerungspotenzial bei Regen

U-Bahn und Straßen sind bei Regenwetter besonders voll. Kaum jemand steigt jetzt auf das Rad. Auf diesen Karten sieht man, wie sich der Anteil der Fahrradfahrten mit Regen (oben) und ohne Regen (unten) verhält. Hier sind mit Abstand die größten Verlagerungspotenziale zu erwarten: Denn unter der Radbahn regnet es nicht.

Kostenindikation

Arup Deutschland GmbH

Erläuterung zur beispielhaften Kostenbetrachtung

Mit Arup haben wir ein renommiertes und weltweit agierendes Ingenieurbüro als Partner gewinnen können, welches vielseitige Erfahrungen mit großen infrastrukturellen Projekten im städtischen Maßstab vorweisen kann. Anhand von vorgegebenen Flächen- und Maßenannahmen hat Arup im Folgenden beispielhaft eine Kostentabelle aufgestellt. In dieser Projektphase basiert eine solche Betrachtung grundsätzlich auf allgemeinen Annahmen und pauschalen Kostenkennzahlen, die in der später folgenden Entwurfsplanung konkretisiert und verifiziert werden müssen. Die Kennzahlen, die der Kostenbetrachtung zugrunde liegen, basieren auf Erfahrungswerten – die tatsächlichen Kosten sind stark vom Ausführungsstandard, der gewünschten Qualität und der allgemeinen Marktlage abhängig und können infolgedessen stark schwanken.

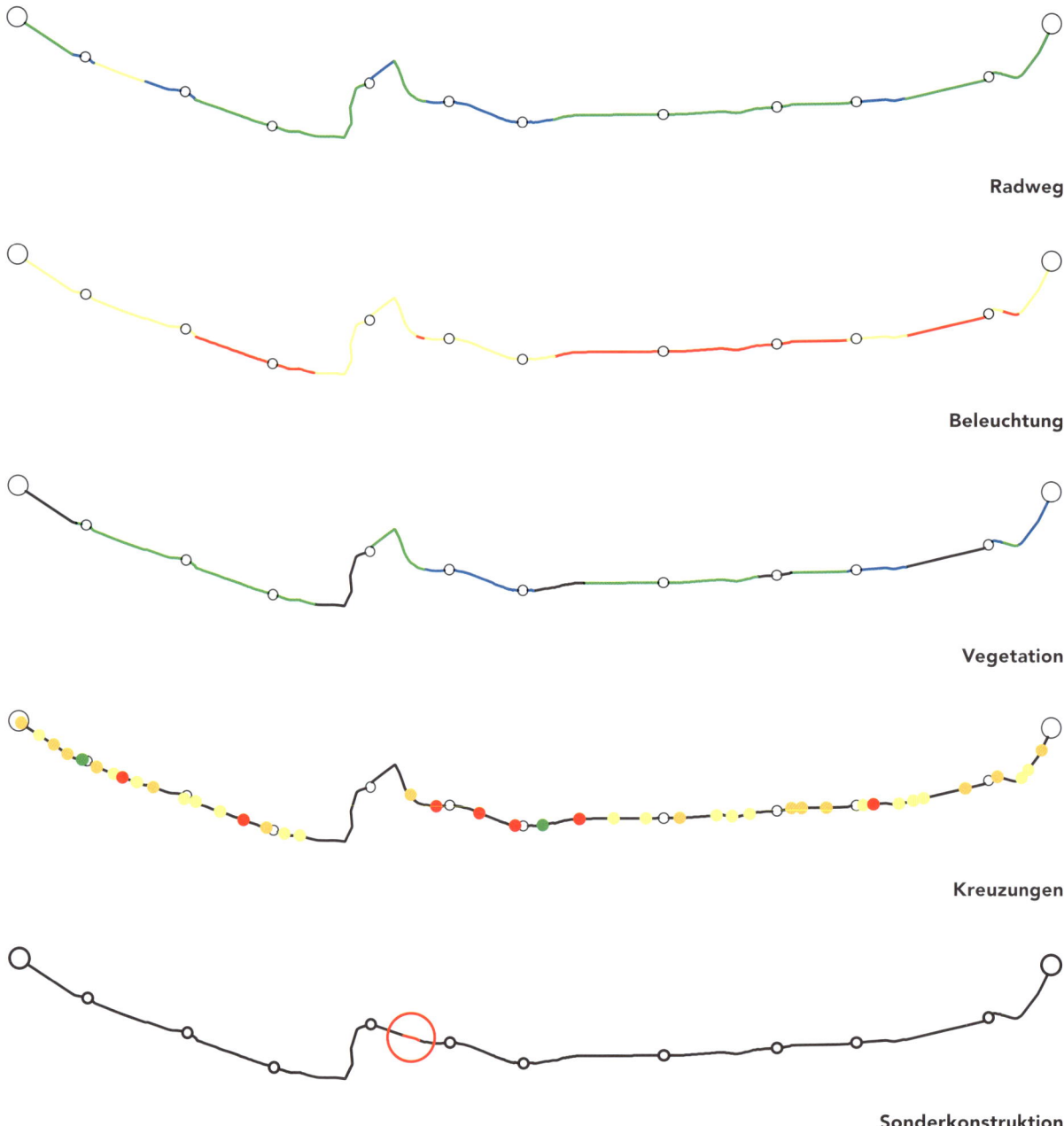

Radweg

Beleuchtung

Vegetation

Kreuzungen

Sonderkonstruktion

Ausschlüsse: Die Informationen in der Kostenkalkulation sind abhängig von externen Einflussfaktoren, welche in dieser Phase nicht abschließend betrachtet werden konnten. Beispielsweise hat Arup keine lokalen Behörden kontaktiert, um Annahmen bezüglich Genehmigungen abzuschätzen. Die Versorgungsinfrastruktur wurde nicht näher betrachtet. Es wurde ausdrücklich keine Bewertung von Unterlagen und Gutachten vorgenommen. Es sind keine Ergebnisse von Gutachten und Studien in die Untersuchung eingeflossen.

Insgesamt sind in der Kostentabelle zwei Szenarien abgebildet. Als erstes ist die funktionale Aktivierung der gesamten Strecke betrachtet worden. Dieses Szenario soll aufzeigen, welche Maßnahmen minimal notwendig sind, um die Strecke in ihrer Funktion als durchgängigen Fahrradweg nutzen zu können.

Die Variante mit „gehobenem Standard bzw. Innovationsanspruch" wird als Experimentierfeld, Innovationsinkubator und Reallabor angenommen. Sie schließt sich an das Basisszenario an, erweitert und ergänzt es und berücksichtigt z.B. die Fahrradbrücke mit. Eine Strategie für diesen Entwicklungsprozess muss in der nächsten Projektphase (z.B. in Form einer Machbarkeitsstudie) weiterentwickelt und konkretisiert werden.

Szenario 1:

Funktionale Aktivierung der Strecke mit geringem Aufwand

Szenario 2:

Variante mit gehobenem Standard bzw. Innovationsanspruch

Kondition	Maßnahme	Quantität		Szenario 1	Szenario 2
		Länge m	Fläche qm	Gesamt Euro	Gesamt Euro
— Radweg existiert	überarbeiten oder neu	~5.500	~15.000		
— auf Straße	Markierung / Abtrennung	~2.700	~8.100		
auf Grünstreifen	Radweg herstellen	~700	~2.100		
Beschilderung	Sicherheit gewährleisten	~8.900			
Radweg herstellen, neu oder Aufwertung Bestand inkl. Beschilderung				**~2.040.000 €**	**~4.920.000 €**
— unter Hochbahn	an Unterdecke	~4.300			
im Freien	auf Masten	~4.600			
Beleuchtung installieren, Unterseite Bahn oder auf Masten, inkl. Anschlüsse				**~3.120.000 €**	**~6.240.000 €**
— unter Hochbahn	Vegetation beidseitig	~4.300	~12.900		
— auf der Straße	Vegetation einseitig	~1.900	~5.700		
— auf Grünstreifen	kleine Eingriffe	~2.700	~8.100		
Vegetation seitlich des Radwegs anlegen, Gräser, Büsche, Beete				**~1.680.000 €**	**~2.280.000 €**
● Typ X-F	Anpassung, Aufrüstung	2 E			
Typ T, X	Anpassung, Aufrüstung	19 E			
○ Typ T-A, X-A	Anpassung, Aufrüstung	14 E			
● Typ B, S	Anpassung, Aufrüstung	7 E			
Kreuzungen anpassen, Lichtsignalanlagen installieren, Markierungen				**~3.120.000 €**	**~4.560.000 €**
○ über Kanal	Brückenkonstruktion	100	500		
Sonderkonstruktion Fahrradbrücke über dem Landwehrkanal (optional)					**~2.520.000 €**
Gesamt Herstellungskosten				**~9.960.000 €**	**~20.520.000 €**
Baunebenkosten/ Planungskosten				~3.000.000 €	~6.200.000 €
Gesamt Projektkosten				**~12.960.000 €**	**~26.720.000 €**

Kosten-Nutzen-Analyse

Postindustrielle Städte weltweit (etwa Paris, London, New York, Chicago, aber auch Peking) setzen zunehmend auf eine kompakte, funktionsgemischte Bauweise und die Förderung des Radverkehrs. Sie tun dies aus vielen Gründen – vor allem auch aus wirtschaftlichen!

Wir gehen auch für Berlin von einem großen wirtschaftlichen Nutzen aus, den die realisierte Radbahn bringen würde. Insbesondere ihr Symbolwert würde viele positive Effekte für Berlin nach sich ziehen: als Inkubator für junge Firmen, als Labor und Brutkasten für noch ungedachte Ideen sowie durch die Anbindung der lokalen Wirtschaft und verschiedener Freizeit-, Kultur- und Erholungsorte.

Der Highline-Effekt

Das Resultat der High Line, eine gut 2 Kilometer lange ehemalige Güterzugtrasse im Westen von Manhattan in New York, die von 2006 bis 2014 zu einer Parkanlage umgebaut wurde

Ascher, K., Uffer, S. (2015): The High Line Effect. Global Interchanges: Resurgence of the Skyscraper City. Council on Tall Buildings and Urban Habitat. S. 243-228

Verkehrseffekte

Verbesserung der Reisezeit und Attraktivität der Ost-West-Verbindung für Radfahrende

Sicherheit

Die Unfallwahrscheinlichkeit und -schwere ist an den neu gestalteten Kreuzungen wesentlich niedriger

Erholung und Freizeit

Bedeutender Anstieg des Freizeit- und Erholungswertes entlang der Strecke

Investitions- kosten

Höher als bei normalen Radstrecken derselben Länge

Umweltfreundlich

Radfahren schädigt nicht die Umwelt und unterstützt den *Modal Shift*

Gesundheit

Gesundheitsgewinn durchs Radfahren motiviert Menschen, Zeit draußen zu verbringen

Image, Tourismus und Stadtmarketing

Einzigartiges Leuchtturmprojekt mit internationaler Strahlkraft passt zu Berlins Image

Sozioökonomische externe Effekte

Fungiert als Wirtschaftsinkubator und macht Berlin als Standort attraktiver

Aufwertung führt zu Verdrängung, Gentrifizierung könnte vorangetrieben werden

Qualität öffentlicher Räume

Bedeutender Gewinn für öffentliche Räume: erschließt ungenutzte Räume, verbindet Orte, schafft soziale Begegnungen und Interaktionen, multikultureller Austausch und Gemeinschaftsarbeit, reduziert Kriminalität

Kosten-Nutzen-Analyse

Empfehlungen

Unsere Empfehlung ist klar: Baut die Radbahn! Da dies aber immer leichter gesagt ist als getan, haben wir uns Gedanken gemacht, welcher Streckenabschnitt besonders wertvoll für Berliner*innen wäre und dabei verschiedene Perspektiven eingenommen:

- Wo ist die Radbahn aus Sicherheitsgründen am notwendigsten?
- Wo ist sie am wertvollsten für das gesamtstädtische Radnetz?
- Wo täte sie Berlins Stadtentwicklung am besten?
- Wo wäre ihre Implementierung besonders einfach?
- Wo wäre das Fahrvergnügen am größten?
- Wo wäre die Radbahn besonders gut angebunden an den öffentlichen Nahverkehr?
- Wo hätte sie den höchsten Wahrzeichen-Charakter?
- Und wo, glauben wir, ist sie politisch am meisten gewollt?

Auf der Grafik unten sieht man intern vergebene Punkte zwischen 1 und 10 für verschiedene Streckenabschnitte in den oben genannten Kategorien. Auf das beste Gesamtergebnis bringt es nach unseren Erwägungen der Streckenabschnitt „Unterm Dach", dicht gefolgt von „Am Wasser". Verbindet man diese beiden Abschnitte zusätzlich mit „Im Park", so wäre das tatsächlich eine großartige Strecke: abwechslungsreich, bezirksübergreifend und dringend notwendig, da es keine angemessenen Parallelrouten gibt. Mit ca. 3 Kilometern hätte die Strecke auch bereits eine sinnvolle Gesamtlänge erreicht, um sie als Teststrecke für technische Innovationen zu erproben und Berliner*innen einen Vorgeschmack auf den weiteren Ausbau der Radbahn zu geben.

Als allererste Etappe empfehlen wir allerdings die Beauftragung einer ingenieurtechnischen Machbarkeitsstudie auf der nun von uns gelegten Grundlage. Und danach kann es endlich losgehen!

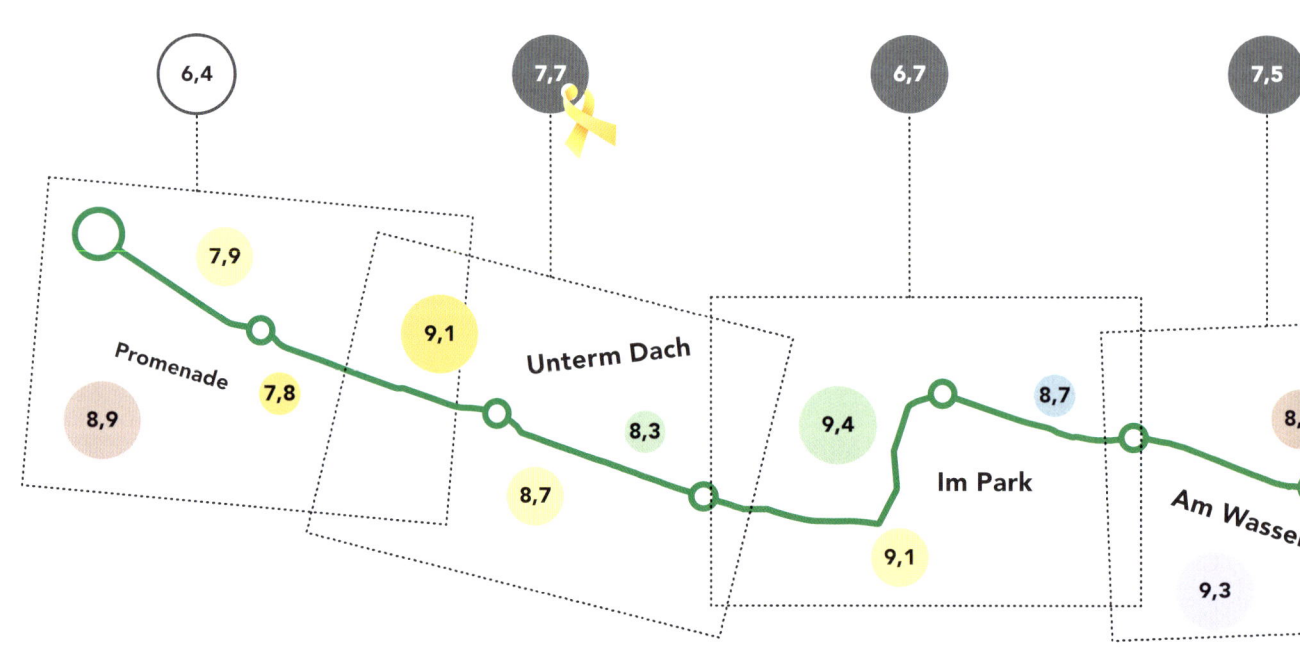

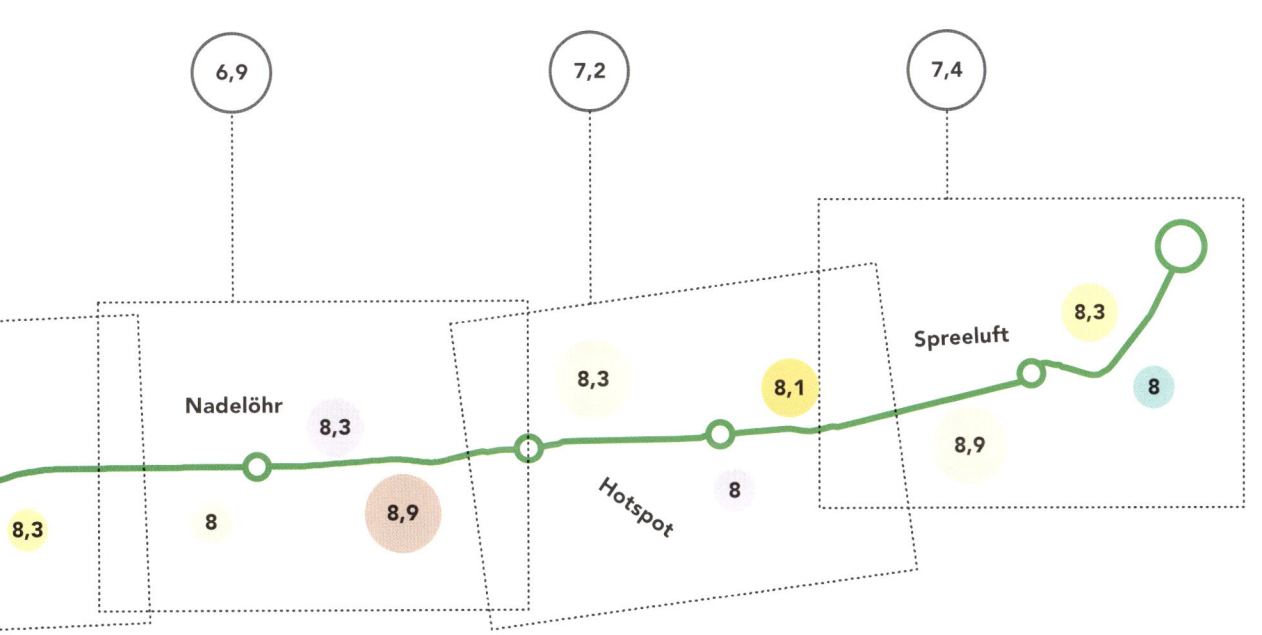

paper planes e.V.

Das Team hinter Radbahn hat sich im Sommer 2016 eine juristische Form gegeben: paper planes e.V. Unser gemeinnütziger Zweck ist es, gesellschaftliche und technologische Potenziale zu erforschen, die zu umwelt- und menschengerechteren und dadurch lebenswerteren Stadträumen führen.

Wir treten mit der Überzeugung an, dass in der zunehmenden Urbanisierung eine große Chance liegt. Wenn wir Menschen es schaffen, in unseren Städten die richtigen Investitionen zu tätigen, kann es gelingen, dass nicht nur unsere tägliche Umgebung lebenswerter wird, sondern sich auch die massiven globalen Herausforderungen angehen lassen.

Mit unseren „Papierfliegern" wollen wir möglichst viele Menschen für die Zukunft begeistern! Dazu arbeiten wir mit konkreten Visionen, ganzheitlichen Projektansätzen und einer emotionalen Kommunikation.

Perttu Ratilainen (International Business) war 11 Jahre für einer Fortune-500-Firma in Skandinavien tätig, bis er 2014 seine Führungsposition im Bereich Public Relations an den Nagel hing und nach Berlin zog. paper planes e.V. profitiert von seinem großen Erfahrungsschatz in Marketing, Finanzierung und Geschäftsentwicklung.

Stefano Tiracchia (Architekt) ist fasziniert davon, Theorie in Praxis zu verwandeln. Zuletzt hat er deshalb auch einen Neubau über alle architektonischen Leistungsphasen – vom Entwurf bis zur Bauleitung – realisiert. Die Freude und Power des Italieners steckt das ganze Team an!

2 **Giulia Maniscalco** (Architektin) hat zunächst journalistisch gearbeitet und sich u.a. für die Zeitschrift ARCH+ mit Stadtentwicklung und dem gesellschaftlichen Anspruch von Architektur auseinandergesetzt. Inzwischen arbeitet die gebürtige Römerin und Ästhetin in ihrem erlernten Beruf und entscheidet für paper planes e.V. über guten und schlechten Geschmack.

6 **Max Hoor** (Humangeograph) arbeitet als wissenschaftlicher Mitarbeiter im Fachgebiet Integrierte Verkehrsplanung der TU Berlin und promoviert zu urbanen Fahrradkulturen und ihrem politischen Einfluss. Für Radbahn deckt er die wissenschaftlichen Themen ab, engagiert sich in der Projektakquise und als Vernetzer.

3 **Simon Wöhr** (Kulturmanager) hat bereits etliche Berliner Stadtentwicklungsprojekte und Bottom-Up-Initiativen mitgeformt, u.a. Holzmarkt, Make City oder die Initiative Haus der Statistik. Für die Projektentwicklung von paper planes e.V. ist er wertvoll als kreativer Sparringspartner mit dem Blick auf das große Ganze.

7 **Kristin Karig** (Architektin) war zunächst als Stadtplanerin und Architektin in ihrer mexikanischen Heimatstadt Puebla tätig. Seit 2012 arbeitet sie in Berlin für international anerkannte Architekturbüros. Bei paper planes e.V. glänzt sie insbesondere mit ihrer Praxiserfahrung in der Aktivierung städtischer Räume sowie als Recherche-Ass.

4 **Matthias Heskamp** (Architekt) ist ein überzeugender Visionär. Er lernte zehn Jahre bei Pritzkerpreisträger Álvaro Siza in Porto und leitete Projekte für David Chipperfield Architects in Berlin. Als erster Vorsitzender widmet er seine Zeit derzeit hauptamtlich dem Verein paper planes e.V. Er ist konzeptionelles Mastermind, Koordinator und Sprachrohr in einem.

Nicolas Kasang (Stadtplaner) stammt aus den USA und hat nach seinem Studium in Frankfurt a.M. zunächst für das dortige Umweltamt gearbeitet und später für BuroHappold Engineering in Berlin. Inzwischen wieder in Frankfurt, widmet er seine Zeit der Unterstützung besserer Zusammenarbeit bei der Entwicklungshilfe sowie paper planes e.V.

Wall of Fame

Radbahn Berlin wird getragen von vielen Unterstützer*innen. Danke an alle, die zum Erfolg unserer Crowdfunding-Kampagne 2017 beigetragen haben, und insbesondere den nachfolgenden Personen, die es ohne handfeste Gegenleistung getan haben:

Achim Taeschner	Brunhilde Wolfrum	David Hirsch	Gesa Schenk
Achour Belhouchat	Bruno Reber	David Peifer	Giulia Milza
Adrian Steffens	Carlo Costabel	David Schwalb	Giulia Sonetti
Agata Kramarz	Carlos Tamayo	Davide Lorenzo	Gustavo Amado
Agnes Noell	Carlotta Cornehl	Davide Sartori	Hanna Lorig
Alan Atzberger	Carolin Graf	Denis Wanke	Hanna Rhiel
Alejandro Prieto Mota	Carolin Kruse	Dennis Hoenig-Ohnsorg	Hannah Scheuermann
Alessandro Maggioni	Caroline Bruchmann	Dennis Jozefoski	Hannelore Schulze
Alexander Behrens	Carsten Ullrich	Diana Stuckatz	Hannes Tauch
Alexander Heinrich	Cathrin Simon	Dirk Fabricius	Hans Hagedorn
Alexander Regan	Catrin Stibbe	Dirk Kopperschläger	Hans Raffauf
Alexandra Bruns	Charlotte Lehnigk	Dirk Merbach	Hans Strömsdörfer
Alexandre de Brabant	Christian Baier	Dirk Schmidt	Hans-Christian Höpcke
Alice Francesconi	Christian Baron	Dirk Winter	Heide Kolling
Amélie Bonet	Christian Deider	Domenico Tiracchia	Heike Dietz
Amir Kedan	Christian Geiselmann	Donovan Ludwig	Heike Roettgers
André Baier	Christian Hessel	Doris Konrad-Rückel	Heini-Tuuli Onnela
Andre Darmochwal	Christian Hildebrand	Dorothee Hermanni	Heino Kopia
Andrea Costanzo	Christian Klasen	Dr. Maren Bulmahn	Henning Brümmer
Andrea Massimi	Christian Knust	Dr. Michael Wilhelm	Henning Schlechtriem
Andreas Baum	Christian Smirnow	Edgar Fröhlich	Henriette v. Flocken
Andreas Hoor	Christiana Hensel	Eike Thomas Röchow	Herbert Schneider
Andreas Landowski	Christine Schöniger	Elias Keimer	Hugo Rumens
Andreas Lechthaler	Christine Sichel	Elias Koster	Ida Hollah
Andreas Lorenz	Christine Volpert	Elisa Di Napoli	Igor Trenk
Andreas Zieroth	Christine Wetzel	Elisa Rahn	Ilona Mennerich
Angelika Fischer	Christof Bojanowski	Elisabeth Beckel	Ina Karge
Angelika Schneider	Christoph Winkler	Elisabeth Huber	Ines Siebrecht
Anke Wetzel	Christopher Grabow	Elizaveta Petcheniouk	Inge Lechner
Ann-Kristina Simon	Christopher Martin	Emanuel Viebahn	Ingo Taubhorn
Anna Cwik	Christopher Schreiber	Eric Ehses	Inken Jakob
Anna Hansen	Cinzia Degrassi	Erik Hansen	Isabel Madureira
Anna Jessen	Claudia Frey	Erik Lemke	Isabell von Hilgers
Anna Kostreva	Claudia Grabowski	Erin Grueber	Ivan Palenik
Anna Rusche	Claudia Hartmann	Essi Johanna Glomb	J D
Anna Santacreu Felis	Claudia Hoppe	Esther Everding	Jack Nimble
Anne Klein-Hitpass	Claudia Schock	Eva Otaño Ugarte	Jakob Schäuffelen
Anne-Mette Jensen	Claudia Siegner	Evan Vosberg	Jakub Cupriak
Annett Schlenker	Clemens Krause	Fabian Braun	Jan Beisheim
Annika Schmidt	Clemens Rath	Fabian Jäger	Jan Heinemeyer
Ansgar Prüwer	Clemens Suerbaum	Felix Beutler	Jan Kukureit
Antje Petersen	Colin Pöstgens	Felix Creutzig	Jan Müller
Antonin Nehring	Colin Willox	Felix Hahn	Jan Stehr
Arcuschin Luiza	Conny Schoemaker	Felix Hehnen	Jan Waterstradt
Armin Schafberger	Constantin Teetzmann	Felix-Clumsy Forense	Jana Heimes
Arne Eberle	Corinna Babylon	Fiede Clausen	Jannes Peters
Arvid Fritsch	Corinne Berlin	Florian Kauffmann	Jannis Andresen
Audrey Liehn	Cornelia Steinecke	Florian Strenge	Jannis Leidel
Ba Bo	D L	Francesca Weber-Newth	Janusz Leidgens
Ben Braun	Daniel Hoppe	Francesco Tiracchia	Jasper Bauer
Benjamin Birkner	Daniel Kaltwaßer	Frank Masurat	Jennifer Hoos
Benjamin Heisch	Daniel Kühn	Frank Roeing	Jens Kuehn
Benjamin Schröter	Daniel Marschner	Franka Schneider	Jens Utz
Berit Hübner	Daniel Reiss	Franziska Kruschwitz	Jessica Kyereme
Bine Gebhardt	Daniel Riganti	Franziska Tucci	Joe Velo
Björn Baumgart	Daniel Schulze	Fred Jansen	Johannes Berthold
Bodo Tasche	Daniela Stastna	Frederik Fleck	Johannes Dirr
Boris Goldammer	Dario Brandes	Frederik Werder	Johannes Ebeling

Johannes Garbino-Anton
Johannes von Streit
Jonas Bleckmann
Jonas Brost
Jonas Deitert
Jonas Lähnemann
Jörg Spengler
Jorge Silva
Jörn Frenzel
Joscha Jancke
Judith Wahle
Julia Freytag
Julia Krömer
Julia Zeman
Julia Zinßer
Julian Clauß
Julian Schreiber
Julie Berg
Julie Steinen
Julien Bernier
Julius Naperkowski
Juri Weicht
Jutta Pöstges
Karin Bunte-Schönberger
Karl Neuhäuser
Karl Scheel
Karl-Friedrich Pfeiffer
Karoline Borsch
Karsten Spin
Karsten Weng
Katerina Zafeiri
Katharina Bolle
Katharina Geppert
Katharina Maier
Katharina Tittel
Katharina Widmer
Kathrin Schütrumpf
Katja Werner
Kays Elbeyli
Khaled Reguieg
Kilian Müller
Klaus Kordowski
Klaus Pfeil
Kolja Huneck
Kora Meischner
Kristine Jetzke
Laura Buecheler
Laura Kromminga
Leander Uijttewaal
Lena Gehlhaar
Leo Stiebeling
Leon Linke
Leonie Eimers
Lino Maisant
Lion Hirth
Lisanne Raderschall
Livia Valentini
Lorenz Matzat
Louis Schanelec
Luca Steffahn
Lukas Stopczynski
Magdalena Grundmann
Maik Schäfer
Manon Cebulla
Manuel Federl
Manuel Oppenoorth
Manuel Steidel
Marc Hensel
Marc Lindstedt
Marcel Bobzin

Marcel Daake
Marcel Geppert
Marco Ammer
Marco Braun
Marco Kuhnert
Marco Preißig
Marcus Sternberg
Margrith Kramis Jordi
Maria Gürtler
Maria und Christoph Klug
Marietta Feddersen
Marius Gantert
Mark Jennings
Mark Piecha
Marko Rausch
Markus Dengg
Markus Rockatansky
Markus Worbs
Marlen Bahr
Marthe Rißmann
Martin Gehring
Martin List
Martin Schuster
Martina Grünwald
Martina Kessler
Martina Winter
Mary Scherpe
Masha Potempa
Matt Beer
Matthias Braun
Matthias Dubbert
Matthias Haffner
Matthias Reckhaus
Matthias Vennewald
Maurice Redmond
Max Berger
Maximilian Kälbert
Maximilian Muhr
Meike Tröger
Melanie Kundrot
Michael Berger
Michael Käufl
Michael Nortmann
Michael Schultz
Michael Vogel
Michel David
Michél Murawa
Miguel Carrasco
Milan Niebuhr
Milena Materna
Mira Tschorn
Mirco Lomoth
Mohamed Megahed
Mona Ohlendorf
Moritz Sahm
Moritz Schneider
Natascha Kletter
Nick Matthew Fultz
Nico Barner
Nico Gabriel
Nicolai Herrmann
Nicolas Dietrich
Nicolas Rode
Nicolas Schwendemann
Nicole Driebe
Nicole Opel
Nicole Zeisig
Nikki Gibson
Nikolai Korypaev
Nils Feyerabend

Norbert Czerwinski
Norbert Schmidt
Nuno Abrantes
Olaf Buntemeyer
Ole Begemann
Ole Hallier
Oleg Sprenger
Oliver Schwedes
Olivier Charlier
Olof Leps
Oskar Schuster
Paolo Fabbrica
Parag Majumdar
Patricia Schulte
Patrick Baier
Patrick Hessinger
Patrick Lukas
Paul Blezinger
Paul Führing
Paul Götze
Paul Hermann
Paul Joswig
Paul Liebrecht
Peter Dyllick-Brenzinger
Peter Hübert
Philip Boos
Philipp Geiger
Pit Reger
Quentin Behaghel
Rafael Heine
Rainer Bölts
Rainer Marquardt
Rainer Zersen
Raja Gumienny
Regina Wellen
Renald Krebs
Renke Müller-Hellmann
Ric Dettloff
Robert Leichs
Robert Mischke
Robert Muth
Robert Ritzel
Robert Veselko
Robert Wagner
Rocco Granata
Robert Eckstein
Roksolana Chraniuk-Wija
Roland Heuger
Rolf Schlönvogt
Roman Grabolle
Roman Liebe
Roman Müllers
Sabine Dopheide
Sabine Holzwarth
Sabine Laaks
Sander von Lingelsheim
Sandra Just
Sara Broos
Sascha Broy
Sebastian Bock
Sebastian Gessert
Sebastian Krück
Sebastian Levi
Sebastian Oehmigen
Sebastian Scheerer
Sebastian Sooth
Seppo Enarvi
Shane Goulden
Sheila Deutinger
Simon Brückner

Simon Kapitzke
Simona Tiracchia
Simone Sartori
Sonja Noack
Sonja Weiß
Sophie Charlotte Schütze
Sophie Genske
Stefan Guzy
Stefan Schenderlein
Stefan von der Mark
Stefanie Jähnen
Stefanie Obermüller
Stefanie Tesch
Steffen Schierloh
Stephan Braun
Stephan Brenner
Stephan Müller
Steven Geelan
Steven Hille
Susann Massute
Susanne Scheel
Svea Reubold
Sylke Rademacher
Tally Jochaud
Tanja Eskola
Tatjana Neu
Thassilo Vogt
Thilo Grashei
Thomas Karig
Thomas Krause
Thomas Rendel
Thomas Schulze
Thomas Ungricht
Tilman Bracher
Tim Birkholz
Tim Reif
Timo Jütting
Timo Schuster
Tobias Becherer
Tobias Jordans
Tobias Kunz
Tom Tanneberger
Tomas Ullman
Tommy Spielhoelle
Toni Hoehna
Tony Stepanow
Torsten Kirner
Ursula Clauss
Ute Vees
Uwe Buhrdorf
Uwe Michelfelder
Valentina Farallo
Valeri Schiller
Valeria Smarrini
Van Bo Le-Mentzel
Vanessa Zimmermann
Verena Petermann
Viktor Schroeder
Viktor Werner
Ville Mikkola
Vincent Patermann
Viviane Hülsmeier
Volker Dick
Weert Canzler
Wiebke Lemmer
Wilfried Jansky
Wilhelm Breder
Wolfgang Bernecker
Yang Cao
Yannick Kiesel

Impressum

Umschlag:
Giulia Maniscalco

Herausgeber:
paper planes e.V.
AmtsG. Charlottenb. VR 35279B
Weserstraße 67
12045 Berlin

Gesamtkoordination:
Matthias Heskamp

Partnerakquise:
Perttu Ratilainen
Matthias Heskamp
Maximilian Hoor
Simon Wöhr

Textredaktion:
Simon Wöhr
Maximilian Hoor (Recherche)
Perttu Ratilainen (Recherche)

Lektorat:
Svenja Paulsen

Korrektorat:
Anja Bippus

Bildredaktion:
Kristin Karig

Layout & Design:
Matthias Heskamp

Pläne, Grafiken, Skizzen:
Matthias Heskamp
Kristin Karig
Giulia Maniscalco
Stefano Tiracchia
Carlo Miatello

Renderings:
Reindeer Renderings

Fotos:
Matthias Heskamp
Jennifer Osborne

Lithografie:
Bild1Druck, Berlin

Gedruckt in der Europäischen Union

Bibliografische Information der Deutschen Nationalbibliothek
Die Deutsche Nationalbibliothek verzeichnet diese Publikation in der Deutschen
Nationalbibliografie; detaillierte bibliografische Daten sind im Internet über
http://dnb.d-nb.de abrufbar.

jovis Verlag GmbH
Kurfürstenstraße 15/16
10785 Berlin

www.jovis.de

jovis-Bücher sind weltweit im ausgewählten Buchhandel erhältlich. Informationen
zu unserem internationalen Vertrieb erhalten Sie von Ihrem Buchhändler oder
unter www.jovis.de.

ISBN 978-3-86859-516-1

Herzlichen Dank für den wertvollen Input:

Heinrich Althausen zum Thema Quartiersentwicklung

Zé Miguel zum Thema „langgestreckter Park"

Dr. Claus Habiger zu Mobilitätsthemen

Heiko Holzberger zu allen verkehrstechnischen Lösungen

Dr. Tim Lehmann für sein „Schöner-Parken"–Konzept

Colin Pöstgens zum Thema Lastenräder und -verkehr

Franz Roeßiger zu den Themen Umwelt und Einzelhandel

Miguel Carrasco zum Thema erneuerbare Energie

Des Weiteren sagen wir herzlichen Dank an:

Andreas Stückl, Ania Pilipenko, Anne Pötz, C.C. O'Hanlon, Christian Hildebrand, Denise Kramer, Evan Vosberg, Francesca Weber-Newth, Frank Otto Dietrich, Frederik Eichelbaum, Hugo Göldner, Joana Mendo, Jonas Marx, Jule Catiche, Katja Täubert, Katrin Huczala, Lena Damrau, Loredana Dazzo, Lucy Thomas, Lukas Reinhard, Madlen Fink, Martina Winter, Martti Mela, Marvin Gehrke, Maurizio Barucca, Milena Charnitzky, Moritz Müller, Natalia Grüner, Nils Nowacki, Phil Lawson, Philip Boos, Ralf Schmidt-Bleeker, Robert Eckstein, Robert Schönduwe, Sascha Roggemann, Stefan Wetterstrand, Steffen Wirth, Vishal Jodhani, Viviane Hülsmeier.

Partner:

Wir freuen uns über die Unterstützung der Senatsverwaltung für Umwelt, Vekehr und Klimaschutz, der BARMER als unserem Gesundheitspartner, Lieferando sowie kubix, einem Planungsbüro für Kommunikation im Raum. Die WAALD Creative Group hat uns beraten, Raum zum Arbeiten gegeben und vernetzte uns u.a. mit WLDX, die für uns eine neue Radbahn-Website designten und programmierten (www.radbahn.berlin). Darüber hinaus fanden wir in der Arup Deutschland GmbH ein Ingenieurbüro, das die Kostenindikation der Strecke beisteuerte. Bike Citizens als auch InnoZ, Innovationszentrum für Mobilität und gesellschaftlichen Wandel, haben mit uns ihre Daten geteilt. Mit IrieDaily haben wir ein Modelabel gefunden, das uns beim Druck der ersten Ansichtsexemplare dieses Buches unterstützte sowie Ware für unsere Crowdfunding-Dankeschöns beisteuerte.

Alltag auf dem Fahrrad: Erfrischungswagen auf dem Potsdamer Platz, 1908
bpk/ Kunstbibliothek, SMB, Phototek Willy Römer / Willy Römer

Epilog

Nehmt die Radbahn in eure Mitte!

Wem gehört die Straße? Über Jahrtausende denen, die sich in der Mitte behaupten können. Das bezeugt schon eine brenzlige Verkehrssituation, die uns nur deshalb überliefert ist, da sie schließlich völlig aus dem Ruder lief: Es trug sich nämlich zu, dass sich zwei Wagen auf der Straße von Delphi nach Daulis begegneten, keiner dem anderen aber ausweichen wollte. Ödipus (Halter des einen Wagens) tötete daraufhin den Chauffeur des anderen Wagens samt dessen Passagier – seinen leiblichen Vater Laios.

Nicht ganz so folgenreich, aber immerhin im Studentenlied „O alte Burschenherrlichkeit" besungen, ist der neuzeitliche Kampf um den „breiten Stein", wie die Steinplatten in Straßenmittellage im beginnenden 18. Jahrhundert hießen. Man muss es sich als einen Art Volkssport des „kleinen Mannes" vorstellen, wenn er provokativ nicht aus der Mitte wich, obwohl ihm dort der höhergestellte Klerus, Adel oder ein Militär entgegenkam. Gelang es den Burschen und Gesellen sich in der Mitte zu behaupten, war die feine Gesellschaft zum Ausweichen gezwungen, was sie dann gefährlich nahe an die eigentliche Straße drängte, die in jenen Tagen gleichzeitig als Kanalisationsersatz herhalten musste.

Als sich schließlich das mehr als doppelt so schnelle Fahrrad in den Städten etablierte, fand es sich naturgemäß in der Mitte der Straße. Auch wenn der Straßenraum damals noch nicht so ausdifferenziert war, war dennoch klar, dass man an den Seiten zu den Häusern hin stehen, liefern und laden können muss (Aufenthalts- und Erschließungsfunktion) und in der Mitte schnell fahren kann (Verbindungsfunktion).

Mit dem Aufkommen der elektrischen Straßenbahnen auf Gleisen ging diese goldene Zeit der Radwege in Mittellage aber teilweise an die nächste Generation schnellerer Verkehrsmittel verloren. Erst recht vorbei mit dem schönen Radeln in Mittellage war es, als Mitte der 1930er Jahre die deutsche Regierung entschied, dass man sich von nun an im ganzen Reich am „Magdeburger Modell" (baulicher Einrichtungsradweg am Fahrbahnrand) zu orientieren hätte.

Schließlich verschwanden Radfahrende nicht nur von den Mittellagen, sondern zunehmend auch aus unseren Städten. Viele gönnten sich lieber ein Auto, um wieder in der Mitte mitspielen zu können.

Und wem gehört die Straße heute? Von uns aus gerne wieder den Schnellsten, denn der Straßenausbau und die Massenmotorisierung des vergangenen Jahrhunderts hat dazu geführt, dass sich die Autokolonnen immer schleppender durch unsere Städte schieben und man mit dem Rad von Tür zu Tür einfach am kürzesten braucht.

Und übrigens: Autofahrer*innen oder Roboterautos werden am dankbarsten über Radelnde in Mittellage sein, da sie den vorbeisurrenden Menschenmassen aller Altersgruppen dann beim Rechtsabbiegen nicht mehr Vorfahrt gewähren müssen. Ansonsten warten sie noch bis…

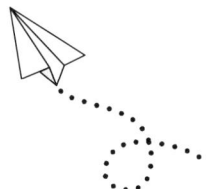